Walter Münter

Geflügelställe

53 Abbildungen

Lehrmeister-Bücherei Nr. 967
Albrecht Philler Verlag · 4950 Minden

© Albrecht Philler Verlag, 4950 Minden, 1978
Satz: A. Warnecke, Obernkirchen
Druck: Albrecht Philler Verlag, Minden
Bindearbeiten: Heinrich Altvater KG, Minden-Todtenhausen
ISBN 3 7907 0967 0
57832

Inhaltsverzeichnis

Die richtige Unterbringung ist entscheidend

Wohl bei keiner anderen Tierart gibt es derartig große Unterschiede in der Unterbringung wie gerade beim Geflügel. Vom Faß oder einer ausgebauten Kiste bis zum Luxusbau sind alle Zwischenarten vorzufinden. Es ist jedoch keineswegs gleichgültig, wie die Tiere untergebracht sind. Ein flottes Wachstum und hohe Legeleistungen lassen sich nur dann erzielen, wenn sich die Tiere in ihren Unterkünften wohlfühlen. Für jede Geflügelart sind andere Vorbedingungen zu erfüllen. Die Errichtung von in jeder Hinsicht ausreichenden Unterkünften braucht keineswegs mit besonders hohen Kosten verbunden zu sein. Es hat sich immer wieder gezeigt, daß gerade die im Eigenbau errichteten Stallungen oft höchsten Anforderungen genügen, ohne daß ihr Bau mit sehr hohen Kosten verbunden ist. Ratschläge für die Errichtung von Stallungen, die für alle Fälle geeignet sind, lassen sich nur schwer geben, da die örtlichen Verhältnisse allenthalben anders gelagert sind. Immerhin soll jedoch eine gewisse Norm angestrebt werden.

Die Lage des Stalles

Es wird unterschieden zwischen freistehenden und eingebauten Stallungen. Bei eingebauten Ställen wird es kaum möglich sein, alle Wünsche in Bezug auf die Lage restlos zu erfüllen. Neu aufzuführende freistehende Stallungen sollten jedoch allen Erfordernissen genügen. Der Stall gehört dorthin, wo den Tieren günstige Auslaufverhältnisse geboten werden können. Dieses wird nicht immer in unmittelbarer Nähe der Wohnung sein. Richtiger ist es jedoch, kleine Erschwernisse hinsichtlich der Erreichung des Stalles in Kauf zu nehmen, denn der tägliche Zeitverlust wird durch höhere Erträge, die sich aus einer besseren Nutzung des Auslaufs ergeben, mehr als ausgeglichen. Es sei zugegeben, daß gerade Gänse, Enten und Puten auch entfernter liegende Ausläufe gut ausnutzen. Nicht immer trifft dies jedoch für die Hühner zu. Sie kleben am Stall, verzehren große Mengen des ihnen zur beliebigen Aufnahme zur Verfügung gestellten Futters, verkoten die nähere Umgebung des Stalles, zerstören die Grasnarbe und lassen den herrlichen Auslauf volllkommen ungenutzt. Gerade diesem Punkt sollte bei der Platzwahl genügende Aufmerksamkeit geschenkt werden.

Ein Stall sollte so aufgestellt werden, daß es zu seinem Betreten nicht erforderlich ist, erst den Auslauf zu öffnen und zu durchschreiten. Dieses hat vielerlei Vorteile. Einmal können durch fremde Personen keine Seuchen eingeschleppt werden, da sie ja nie in den Auslauf hinein brauchen, wenn sie den Stall, die Tiere oder die gesamte Zuchtanlage besichtigen wollen. Zum anderen erfordert das Öffnen der Türen beim Transport von Lasten immer Schwierigkeiten und es kommt auch leicht vor, daß Tiere den Auslauf hierbei verlassen. Aus allen diesen Gründen sollte der Stall niemals mitten in den Auslauf, sondern immer direkt am Weg errichtet werden.

Sonne und Licht sind in der Geflügelzucht wichtige Faktoren. Die Aufstellung des Stalles sollte darum so erfolgen, daß die Sonne ungehindert bis in die letzten Ecken einfallen kann. Dieses wird dann am besten erreicht, wenn die Vorderfront des Stalles nach Süden oder Südosten geht.

Von dem Geflügel sind besonders die Hühner gegen starken Wind empfindlich. Die Lage des Stalles sollte darum nach Möglichkeit so gewählt werden, daß die

Tiere beim Verlassen desselben nicht sofort dem Wind ausgesetzt sind. Oft ist es möglich, vorhandene Hecken oder Gebüsch hierfür auszunutzen. Anderenfalls müßte später durch eine Neuanpflanzung ein Windschutz geschaffen werden.

Das Gelände, auf welchem der Stall gebaut werden soll: muß nach Möglichkeit eben sein. Eine Errichtung an Abhängen mit starkem Gefälle ist nicht immer günstig und verteuert zudem die Gestehungskosten. Geringes Gefälle läßt sich meistens in der näheren Umgebung des Stalles beseitigen oder so umgestalten, daß in Zeiten mit starken Niederschlägen sich das Wasser nicht vor ihm sammelt.

Nicht ganz zu übersehen ist bei der Planung die Bodendurchlässigkeit und der Grundwasserstand. Bei feuchtem Untergrund ist es nicht immer leicht, trotz bester Isolierung die Feuchtigkeit aus dem Stall fernzuhalten. Feuchte Stallungen schaden den Tieren in gesundheitlicher Hinsicht jedoch außerordentlich und beeinflussen stark die Legeleistung.

Holz oder Massivbauten?

Bei der Wahl der Bauweise müssen die örtlichen Verhältnisse berücksichtigt werden. Vor allem, wenn es sich um gepachtetes Gelände handelt, wird nicht immer eine Genehmigung zur Errichtung von Massivbauten vom Besitzer des Grundstücks und auch von der Bauaufsichtsbehörde erteilt werden. In solchen Fällen ist es richtiger, Stallungen aus Holz, die vielleicht noch auseinandernehmbar hergestellt werden, aufzustellen. Außerdem ist es in der Mehrzahl der Fälle so, daß bei einiger Geschicklichkeit Stallungen aus Holz von jedem, der mit Hammer und Säge umgehen kann, errichtet werden können. Später, wenn bauliche Veränderungen oder Ausbesserungen vorgenommen werden müssen, bereitet auch dieses für den Laien nicht so viel Schwierigkeiten, als wenn es sich um gemauerte Ställe handelt. Den Massivbauten kann in erster Linie auf eigenem Grund und Boden, insbesondere in landwirtschaftlichen Betrieben, wo es darum geht, Ställe mit längerer Lebensdauer zu erstellen, der Vorzug gegeben werden. Die Gestehungskosten hierfür liegen zwar höher, doch wird es sich später ergeben, daß sie durch niedrigere Unterhaltungskosten wieder eingebracht werden. Auf Einzelheiten wird im Abschnitt für die Stallwände noch eingegangen.

Die Stallgröße

Bevor an den Bau eines Geflügelstalles gegangen wird, sollten sämtliche Erfordernisse noch einmal genau durchdacht werden. Wie schon eingangs gesagt wurde, sind die Anforderungen, die von den einzelnen Geflügelarten an den Stall gestellt werden, unterschiedlich. Hinzu kommt, daß die Größe des Geflügelbestandes stets Schwankungen unterworfen ist. Es ist darum schon richtiger, wenn ein Plan aufgestellt wird, der für eine größere Anzahl von Jahren Gültigkeit hat. Überbesetzte Stallungen mindern das Wohlbefinden der Tiere und hemmen sie an der vollen Entfaltung ihrer Leistungsanlagen. Zur Winterszeit dagegen wirkt es sich nachteilig aus wenn zu wenig Tiere im Stall gehalten werden, weil diese dann, insbesondere in der Nacht, zu sehr den Kälteeinwirkungen ausgesetzt sind. Es ist jedoch nicht so schwer, zu große Ställe durch das Einlagern von Strohballen oder dergleichen kleiner und dadurch wärmer zu machen. Bei der Aufstellung des Bauplanes sollte darum stets das Höchstmaß an Hühnern, welches gehalten werden soll, in Anrechnung gebracht werden.

Die gemeinsame Unterbringung von verschiedenen Geflügelarten in einem Stall ist fast immer mit Nachteilen verbunden. Wo sie sich nicht umgehen läßt, sollten die Ställe so hergerichtet werden, daß die eine Art mit der anderen nichts zu tun hat. Solche kombinierten Ställe haben durchgehende Innenwände, damit sich die einzelnen Arten nicht gegenseitig belästigen können. Insbesondere wirkt sich die gemeinsame Unterbringung von Gänsen und Enten im Hühnerstall wegen der stets nassen Einstreu besonders nachteilig aus.

An Grundfläche muß für Hühner und Enten auf 3 Tiere ein Quadratmeter gerechnet werden. Gänse und Puten benötigen pro Tier ½—1 qm. Bei Zwerghühnern liegt der Platzbedarf um ⅓ unter dem der großen Hühner. Je größer der gehaltene Bestand ist, der in einem Stall untergebracht ist, desto mehr Tiere können auf einer Fläche im prozentualen Verhältnis gehalten werden. Über 4 Tiere pro qm hinauszugehen empfiehlt sich jedoch nicht.

Bei der Festlegung des Grundrisses ist darauf zu sehen, daß der Stall möglichst quadratisch ist. Beliebte Abmessungen sind 2×2 m, 4×4 m und 6×6 m. Über eine Tiefe von 6 m hinauszugehen, ist nicht empfehlenswert, weil sich diese Stallungen in ihrem hinteren Teil nur schwer belichten lassen. Schon bei 6 m tiefen Ställen empfiehlt es sich, unter den Kotbrettern zusätzliche Fenster einzubauen, damit der Platz ausreichend hell ist. Für einen Bestand von 100 Hühnern ist es ratsamer, einen Stall in den Ausmaßen von 6×6 m zu errichten als einen solchen von 8×4 m. Die Errichtung von Riesenställen ist weniger empfehlenswert, weil sich in ihnen die Tiere nur schwer beobachten lassen, die Leistungen durchweg niedriger liegen und der Auslauf schwerer zu nutzen ist. Im Falle eines Seuchenausbruches können in solchen Ställen auch bedeutend schwerer Verhütungsmaßnahmen zur Begrenzung der Krankheitsfälle getroffen werden.

Feststehende oder versetzbare Ställe?

Massivbauten sind überall dort zu empfehlen, wo sie auf lange Jahre hinaus den gleichen Benutzungszweck erfüllen sollen. Ihr Abbruch und anderweitiger Aufbau gleicht einer fast restlosen Zerstörung und ist sehr kostspielig. Ein Nachteil der fest mit dem Boden verbundenen Ställe ist darin zu sehen, daß bei einem Krankheitsausbruch das umliegende Gelände für einen mehr oder minder großen Zeitraum nicht genutzt werden kann und darum auch der Stall als Unterkunftsraum für diese Zeitdauer ausfällt. Etwas günstiger ist es bei Holzbauten. Diese können so errichtet werden, daß sie auseinandernehmbar sind und an anderen Plätzen wieder aufgestellt werden können. Durchweg kann diese Möglichkeit aber nur bei Ställen mit geringen Ausmaßen genutzt werden, weil sich große Stallungen nur schwer wieder stabil gestalten lassen.

Versetzbare Stallungen kommen in der Hauptsache für die Kükenaufzucht und die spätere Haltung der Junghennen in Betracht. Mit ihnen können entfernter liegende Weiden und Stoppelfelder ausgenutzt werden. Für die Unterbringung von Zuchtstämmen sind sie ebenfalls brauchbar, doch können sie dann nur während der Zuchtzeit benutzt werden, weil sie bei winterfester Herrichtung zu schwer zu transportieren sind. Die Verwendung versetzbarer Ställe ist bei ausreichenden Platzverhältnissen mit großen Vorteilen verbunden, weil sich durch die Erschließung von Freifutter die Haltung beträchtlich verbilligen läßt. Besonders wertvoll ist jedoch, daß dadurch gerade für die Aufzucht Flächen zur Verfügung stehen, die bislang vom Geflügel nicht belaufen wurden. Die Gesundheit und das

Wachstum werden dadurch außerordentlich stark beeinflußt. Da versetzbare Ställe in der Herstellung keineswegs kostspieliger sind und wohl immer selber gebaut werden können, sollten sie weit mehr als bisher Verwendung finden.

Ist eine Baugenehmigung erforderlich?

Fest mit dem Boden verbundene Bauten sind in jedem Fall genehmigungspflichtig, auch wenn sie in ihren Ausmaßen noch so klein sind. Für andere Stallungen gelten in allen Ländern unterschiedliche Bestimmungen. Der am Neubau eines Geflügelstalles interessierte Geflügelhalter sucht darum am besten, bevor er irgendwelche Schritte unternimmt, sein zuständiges Bauamt auf und läßt sich die entsprechenden Notwendigkeiten erklären. Die erforderliche Bauzeichnung wird in solchen Fällen kaum von einem Architekten hergestellt sein müssen. Durchweg genügt es, wenn ein Bauhandwerker die Anfertigung übernimmt. Zu der Bauzeichnung gehört immer eine Baubeschreibung und ein Lageplan. Mit dem Bau darf erst dann begonnen werden, wenn das Bauamt schriftlich seine Zustimmung dazu gegeben hat. Sobald der Stall fertig ist, wird die Bauabnahme beantragt.

Das Fundament

Feststehende Stallungen müssen ein Fundament erhalten. Dieses hat dreierlei Aufgaben zu erfüllen, erstens soll verhindert werden, daß das Gebäude oder Teile des Gebäudes absacken, zweitens, dieses trifft nur für Holzbauten zu, daß das Holz zu schnell der Fäulnis ausgesetzt wird und drittens, daß Ratten und sonstiges Ungeziefer nicht eindringen können.

Zu unterscheiden ist zwischen Fundamenten aus Stampfbeton und Mauersteinen. Beide Arten können als gleich-
wertig angesprochen werden. Wenn selbst bei Bauten aus
Ziegelsteinen Fundamente aus Beton erstellt werden, so
ist dieses hauptsächlich darauf zurückzuführen, daß sich
durch das Vorhandensein von Kies und Sand sowie durch
die Möglichkeit zur Selbstherstellung eine beträchtliche
Verbilligung erzielen läßt.

Die Stelle, an der das Fundament errichtet werden
soll, wird vorher planiert, damit sie völlig eben ist
und das Abstecken leichter erfolgen kann. Wo es sich nicht
um besonders große Stallungen handelt, genügt es fast
immer, wenn das genaue Ausmaß des Fundamentes durch
auf den Erdboden gelegte stärkere Bretter abgegrenzt
wird. Handelt es sich um größere Bauten, dann werden
an den Ecken Schnurböcke gesetzt und so die genauen
Abmessungen festgelegt. Das Außenmaß des Fundaments
soll bei allen Bauten die gleiche Größe aufweisen, in
welcher der Stall gedacht ist. Es ist verkehrt, bei Holzstallungen den Sockel soweit vorstehen zu lassen, wie die
zur Außenverschalung verwandten Bretter stark sind. Das
an die Wandungen schlagende Regenwasser würde sonst
beim Ablaufen auf dem Fundament stehen bleiben und dadurch eine schnellere Zerstörung der Verschalung be-
günstigen.

Die Breite des Fundaments richtet sich nach der Größe
des Stalles und der vorgesehenen Bauausführung. Bei Holzstallungen genügt immer eine Breite von 20 cm. Stallungen mit Wänden aus Mauerwerk werden allerdings einen
Sockel in einer Breite von 25 cm benötigen. Über die Tiefe
der Ausschachtungen gehen die Ansichten auseinander. Bau-
fachleute verlangen, daß das Fundament so tief geführt
wird, daß der Frost nicht mehr einwirken kann. Diese
Tiefe liegt etwa bei 80 cm. Für den Geflügelzüchter wird

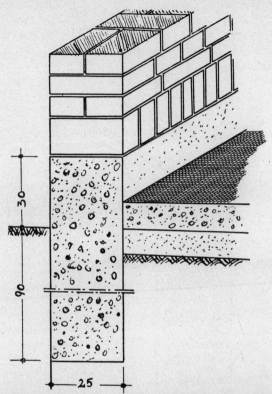

Abb. 1 Ein Fundament aus Beton für einen Massivstall. Das Fundament
ist noch 30 cm über das umliegende Gelände aufgeführt

dieses kaum in Betracht kommen, da ein solches Fundament seinen Bau außerordentlich stark verteuern würde.
Durchweg reicht für ihn eine Tiefe von 30 cm aus.

Wichtig ist es, das Fundament in der Höhe ausreichend genug über die umgebende Geländefläche hinauszuführen. Der

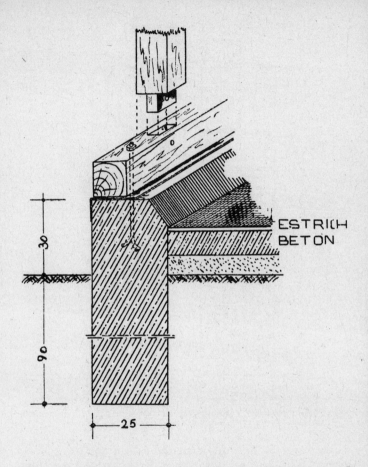

ESTRICH
BETON

Abb. 2 Auf dieses Fundament aus Beton werden Holzwände gesetzt, die mit den kenntlich gemachten Schraubbolzen befestigt werden. Die Außenkante des Fachwerks und des Fundaments müssen miteinander abschließen. Die später aufgebrachte Verkleidung steht dann in ihrer vollen Stärke über, damit das ablaufende Regenwasser keine Möglichkeit findet, zwischen Fundament und Stallwand einzudringen

Fußboden des Stalles sollte mindestens 20—30 cm erhöht liegen. Dieses ist notwendig, weil es sonst trotz bester Isolierung kaum möglich sein dürfte, den Stall trocken zu halten. Von unten her feuchte Stallungen sind leicht dem Verfall ausgesetzt und wirken sich in gesundheitlicher Hinsicht sehr schädigend aus.

Wo das Fundament aus Stampfbeton errichtet wird, muß der über den Boden herausragende Teil mit starken Brettern eingeschalt und durch Pflöcke befestigt werden. Für den Teil unter der Erdoberfläche ist eine Einschalung nicht notwendig, wenn das Ausheben des Bodens entsprechend vorsichtig vorgenommen wurde. Es ist auch möglich, das Fundament nur bis zur Erdoberfläche zu stampfen und den darüber vorgesehenen Teil zu mauern.

Für Beton-Fundamente reicht durchweg ein Mischungsverhältnis von 1 Teil Zement und 8 Teilen Kies aus. Zement und Kies werden sorgfältig auf einer Holzpritsche vermischt, damit sie sich gut miteinander verbinden und kein Schmutz in die Mischung gelangen kann. Zunächst erfolgt das Durchschaufeln trocken, wobei eine Hilfsperson mit einer Harke Zement und Kies gut durcheinanderbringt. Zum Schluß wird soviel Wasser hinzugefügt, daß eine Mischung entsteht, die zwar feucht ist, jedoch keineswegs schmiert. Die fertige Mischung wird in das Fundament gebracht und dort gut festgestampft. Es ist darauf zu achten, daß die Oberfläche genau mit der Einschalung abschließt, weil sonst später Unebenheiten auftreten. Sollen auf dieses Fundament Ställe in Holzausführung gesetzt werden, dann ist es notwendig, bei der Herrichtung des Sockels gleich die entsprechenden Schraubbolzen, die später zur Verankerung des Holzgerüstes dienen, an den richtigen Stellen einzusetzen. Schon nach wenigen Tagen kann die Einschalung vorsichtig entfernt werden, damit das Fundament besser austrocknet.

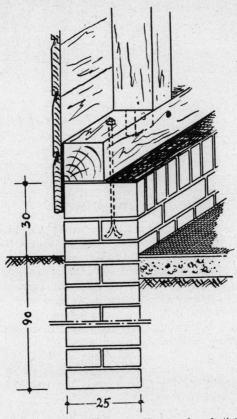

Abb. 3 Hier ist das Fundament aus Mauerwerk gefertigt. Die Verschalung springt ebenfalls über die Außenkante hinaus. Richtiger ist es, den Fußboden bis an die Oberkante des Fundaments aufzuführen

Es ist auch möglich, aus Betonpfeilern, die entweder nur an den Ecken oder bei längeren Fronten in Abständen von etwa 2 m eingesetzt werden, ein Fundament zu errichten. Der zwischen den Pfeilern befindliche Raum wird dann ebenfalls eingeschalt und ausgestampft oder erhält lediglich eine Ausfüllung durch senkrecht in die Erde gesetzte schwächere Betonplatten. Die letztere Art ist besonders dort zu empfehlen, wo es sich um Stallungen auf Pachtgrundstücken handelt.

Fundamente aus Holzpfählen haben nur eine kurze Lebensdauer und sollten darum nur im äußersten Notfall verwendet werden. Durch eine gute Imprägnierung lassen sie sich etwas haltbarer gestalten.

Der Stallfußboden

Es gibt auch heute noch Stallungen, deren Fußboden aus Erde besteht. Solche Ställe lassen sich wegen der durch die Tiere verursachten Unebenheiten äußerst schwer säubern und stellen, weil die Reinigung nie gründlich genug erfolgen kann, einen ständigen Seuchenherd dar. Weiter kommt hinzu, daß sich in solchen Unterkünften das Ungeziefer und Raubzeug stark einnisten kann und dessen Bekämpfung sehr große Schwierigkeiten bereitet. Selbst Lehmfußböden, die in manchen Gegenden sehr beliebt sind, weisen nach kurzer Zeit Vertiefungen auf, und verlieren dadurch an Wert.

Holzfußböden sind zwar warm, haben aber auch viele Nachteile. Ihre Haltbarkeit ist begrenzt, Die Einwirkungen durch die Feuchtigkeit von oben und unten sind außerordentlich stark und beeinträchtigen die Lebensdauer. Weiter kommt hinzu, daß sich die Bretter durch die Feuchtigkeitseinwirkung leicht werfen und daß sich dort, wo der Fußboden nicht durch Nässe beeinträchtigt wird, mehr oder weniger große Fugen und Risse bilden. Da sich unter den Holzfußböden fast immer Hohlräume befinden, ist außerdem die Gefahr des Einnistens von Ungeziefer nicht zu übersehen. Zwar lassen sich Gegenmaßnahmen in vielerlei Hinsicht treffen, doch sind diese meistens sehr kostspielig. Die Mehrzahl der Geflügelhalter ist darum von einer Ausstattung ihrer Stallungen mit Holzfußböden abgegangen. Zu empfehlen sind sie lediglich für kleine versetzbare Ställe.

Häufiger findet man warmhaltende Ziegelfußböden vor. Ihre Herrichtung erfolgte nicht immer sachgemäß. In den meisten Fällen hat der Untergrund unter der Ziegelschicht nicht die genügende Festigkeit. Nach einiger Zeit fangen dann die Steine an zu wackeln und treten sich los. Weiter bilden sich bei ungleichmäßig fester Unterlage Vertiefungen. Die Reinigung eines solchen Fußbodens bereitet darum keine Freude. Bevor ein Ziegelfußboden angelegt wird, sollte darum ein fester Untergrund geschaffen werden. Dieser läßt sich am besten durch eine Mischung Magerbeton herstellen. Um das Aufsteigen von Feuchtigkeit zu verhindern, erhält dieser Untergrund vor dem Verlegen der Steine eine Isolierung. Nun werden die Steine verlegt und anschließend die entstandenen Fugen ausgegossen. Die dafür verwandte Mischung sollte nicht zu wenig Zement enthalten. Wo es sich um kleine Stallungen handelt, ist zu überlegen, ob nicht statt der gewöhnlichen Ziegelsteine Ziegelhohlsteine Verwendung finden können. Diese halten die Wärme noch besser. Wo allerdings der Fußboden durch das Bewegen von Lasten mit Karren und dergleichen stark in Anspruch genommen wird, sind Hohlsteine nicht angebracht.

Die gebräuchlichsten Fußböden sind aus Magerbeton. Auf einen Untergrund aus Schlacken, Schotter oder grobem Kies in einer Stärke von 15—20 cm kommt die eigentliche Betonschicht, die wieder, je nach Größe und Benutzungszweck des Stalles, 6—8 cm stark sein soll. Es ist darauf zu sehen, daß die Oberfläche des Fußbodens entweder vollkommen waagerecht ist oder nach einer Seite hin Gefälle hat. Die Oberfläche wird mit der Kelle gut glattgestrichen und mit Zement gepudert. Stets sollte darauf gesehen werden, daß die Oberkante des Fußbodens mit der Oberkante des Fundaments abschließt.

Die Unkosten für die Herstellung des Fußbodens sind je nach Art recht unterschiedlich. Auf die Dauer gesehen, ist nicht immer der billigste Fußboden ein wirklicher Vorteil. Die Art der Herrichtung sollte darum genau überlegt werden. Zu Anfang einige Mark mehr auszugeben, stellt sich vielleicht schon nach kurzer Zeit als Verbilligung heraus.

Die Stallwände

Abgesehen von kleinsten und behelfsmäßigen Ställen, die es zu jeder Zeit gegeben hat und auch immer geben wird, war es früher üblich, wenn überhaupt ein besonderer

Abb. 4 Eine wenig gebräuchliche Eckverbindung, die Überblattung

Stall für das Geflügel vorgesehen wurde, diesen als Massivbau zu errichten. Oft wurden, in der irrigen Ansicht, daß der Stall dadurch wärmer zu gestalten wäre, Wände in einer Stärke aufgeführt, die in keinem Verhältnis zur Stallgröße standen. Schon bald stellte sich heraus, daß solche Stallungen keineswegs als ideal anzusprechen waren.

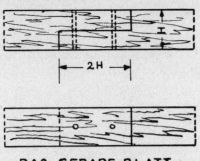

DAS GERADE BLATT

Abb. 5

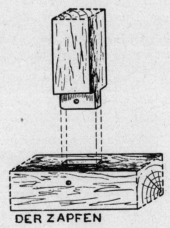

DER ZAPFEN

Abb. 6

Sie waren kalt und feucht, ausreichende Legeleistungen konnten in ihnen, zumindest in der Winterszeit, nicht erzielt werden.

Den Massivbauten folgten in verstärktem Maße Stallungen, deren Wandungen aus Holz bestanden. Sie hatten den Vorteil, daß bei ihrer Errichtung sehr viel Eigenhilfe geleistet werden konnte. Ihre Lebensdauer war jedoch, weil es die meisten Geflügelhalter an der erforder-

Abb. 7 Gezapfte Kanthölzer als Eckverbindung

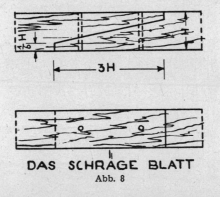

DAS SCHRÄGE BLATT
Abb. 8

lichen Pflege fehlen ließen, nur begrenzt. Außerdem stellten sich mit der Zeit viele Nachteile, die ausschließlich Holzstallungen anhaften, ein. Holz ist ein lebendiger Baustoff. Auf jede Wetteränderung wird reagiert. Bei Trockenheit bilden sich breite Fugen und Risse. Ist die Witterung feucht, kommt es sehr leicht vor, daß das Holz verquillt. Das Endergebnis ist immer, daß die Stallwandungen nicht einwandfrei dicht sind. Dadurch entsteht Zugluft und gerade hiergegen ist das Geflügel besonders empfindlich.

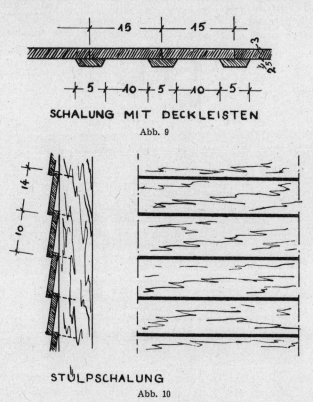

SCHALUNG MIT DECKLEISTEN

Abb. 9

STÜLPSCHALUNG

Abb. 10

Mit der Zeit gab es Verbesserungen, doch konnte auch eine Übernagelung der Fugen mit schmalen Leisten oder die Verkleidung der gesamten Außenfläche mit Teerpappe oder teerfreier Pappe keinen idealen Zustand herbeiführen. Hinzu kam, daß die Holzwände dem Raubzeug keinen Widerstand boten und daß sich in die Fugen und Risse Milben einnisteten, deren Bekämpfung nicht immer ganz einfach war.

Den einfachwandigen Ställen folgten solche, die auch von innen noch eine Verschalung aus Holz erhielten. Diese Ställe waren in den Wintermonaten wärmer, wenn Innen- und Außenwand fugenfrei waren. Häufig war es aber so, daß auch diese zweite Wand große Nachteile brachte. In dem Zwischenraum nisteten sich Ratten und Mäuse ein und traten von hier aus ihre Raubzüge an. Ihre Bekämpfung war mit großen Schwierigkeiten verbunden. Besonders schlimm war dieses dort, wo die Zwischenräume zur besseren Warmhaltung noch mit Sägespänen, Torfmull oder gleichwertigen Stoffen ausgefüllt waren.

Immer neue Wege wurden gesucht, um die Übelstände abzustellen. Statt der Holzverschalungen wurden Leichtbauplatten verwandt. Die damit erzielten Ergebnisse waren durchaus befriedigend, doch läßt die Lebensdauer häufig Wünsche offen. Ebenso ist es nicht immer leicht, im Laufe der Jahre auftretende Umbauten an solchen Ställen durchzuführen.

Das Endergebnis sieht nun heute so aus, daß die Mehrzahl der Geflügelhalter wieder beim Massivstall angelangt ist. Die Kosten hierfür sind zwar beträchtlich höher, doch werden diese durch die längere Lebensdauer und die verhältnismäßig geringen Beträge für die Unterhaltung wieder ausgeglichen. Allerdings sind diese Bauten nicht mehr mit den früheren zu vergleichen. Die Hohlbauweise hat sich durchgesetzt. Solche Stallungen sind, wenn nicht anderweitig Fehler begangen werden, trocken und warm. Die Stärke der Wandungen richtet sich in erster Linie nach der Größe des Stalles.

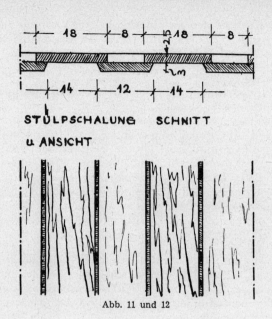

STÜLPSCHALUNG SCHNITT u. ANSICHT

Abb. 11 und 12

Das Dach

Bei der Auswahl der Dachform und des zur Eindeckung verwandten Materials spielen die örtlichen Verhältnisse fast immer eine entscheidende Rolle. Der Geflügelstall soll sich gut in seiner Umgebung einfügen. Dieses wird er u. a. nur dann, wenn die richtige Dachform gewählt wird. Nicht immer wird jedes Dach allen Erfordernissen gerecht. Es ist nicht nur dazu bestimmt, dem Stall von oben einen Schutz zu geben, sondern sollte auch so errichtet werden, daß sich größere Temperaturschwankungen vermeiden lassen. Wer einmal zur Sommerszeit einen Stall betritt, der mit einem mit Dachpappe verkleideten Holzdach versehen ist, wird über die darin vor-

gefundene hohe Temperatur erstaunt sein. In der Nachtzeit und besonders in den Wintermonaten gibt das Dach
die Wärme jedoch wieder ab und der Stall kühlt stark

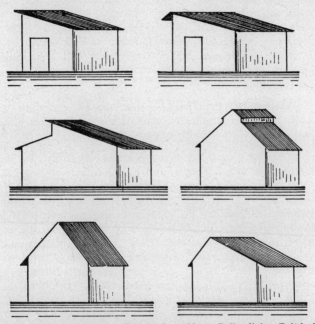

Abb. 13 Die verschiedenen Dachformen. Obere Reihe links: Pultdach,
rechts: Pultdach mit Frontkappe; mittlere Reihe links: abgesetztes
Satteldach, rechts: Satteldach mit Firstaufbau; untere Reihe links:
Satteldach, rechts: verschobenes Satteldach

aus. Bei der Auswahl der Dachform und des Eindeckungs-
materials sollte darum von Anfang an der Isolierung die
notwendige Beachtung geschenkt werden.

Es gibt eine ganze Anzahl von Dachformen. Am meisten
verbreitet ist das Pultdach. Es kommt besonders für Ge-

genden in Betracht, die klimatisch bevorzugt sind. Für rauhe Lagen wäre es notwendig, falls diese Dachform unbedingt gewählt werden soll, das Dach von unten zu verkleiden. Pultdächer werden fast immer mit Dachpappe eingedeckt. Bei Verwendung von Dachziegeln wäre es notwendig, dem Dach ein zu starkes Gefälle zu geben. Pultdächer sollten auf einen Meter Breite eine Gefälle von 10 cm aufweisen. Ein vier Meter tiefer Stall wird demnach am besten vorn 2,20 Meter und hinten 1,80 Meter hoch gebaut.

Pultdächer mit Frontkappe haben sich bei uns nicht bewährt, da sie, besonders wenn es sich um sehr tiefe Ställe handelt, den Lichteinfall beeinträchtigen,

Der schönsten Anblick bietet ein Satteldach. Es gibt hier verschiedene Möglichkeiten für die Dachform. Das gleichseitige Satteldach hat sich jedoch im Aussehen, bei der Erstellung und auch in der Praxis als idealste Lösung erwiesen. Es bereitet keine Schwierigkeiten, in der Höhe der Seitenwände eine Zwischendecke einzuziehen, die entweder aus festem Material (Holz- Leichtbauplatten) oder aus Stroh, welches auf Latten gepackt wird, hergestellt wird. Der oberhalb der Zwischendecke befindliche Raum sollte jedoch nicht ganz bis unters Dach mit Stroh ausgefüllt werden, da es ratsamer ist, die Luft zwischen Strohschicht und Dach zirkulieren zu lassen. In größeren Ställen werden häufig in den beiden Giebelwänden noch besondere Klappen eingebaut, um die Be- und Entlüftung des Stalles zu vervollkommnen. Die Dachneigung kann beim Satteldach verschieden sein. Flache Dächer sind, abgesehen von ganz kleinen Ställen, nicht besonders zu empfehlen, weil bei diesen das Einziehen einer Zwischendecke nicht immer den erhofften Erfolg zeitigt. Die Erstehungskosten für Satteldächer liegen weit höher als die für Pultdächer.

Als eine Zwischenlösung ist das verschobene Satteldach anzusehen. Es kommt in der Hauptsache für besonders tiefe Stallungen in Betracht, bei denen dann die Rückwand nicht bis zur vollen Höhe der übrigen Wände errichtet zu werden braucht. Das Einziehen einer Zwischendecke ist auch hier zu empfehlen. Der letzte Teil des Daches, der unterhalb der Zwischendecke liegt, wird in solchen Fällen am besten von unten verkleidet.

Für besonders tiefe Stallungen ist ebenfalls das abgesetzte Satteldach geeignet. Der Stall läßt sich heller gestalten, weil in der oberen kleinen Wand der Einbau von Fenstern möglich ist. Eine ausgesprochene Zwischendecke wie beim gleichseitigen Satteldach läßt sich dann jedoch nicht einbauen. In Deutschland hat diese Dachart bei den Geflügelzüchtern bislang wenig Anklang gefunden, während sich das Ausland oft dieser Bauweise bedient. Das Dach kommt eigentlich auch nur für Stalltiefen von über 6 m in Betracht. Der vordere Teil des Daches soll dann etwa ein Drittel der Gesamttiefe des Stalles einnehmen.

Ebenso selten sind Satteldächer mit einem besonderen Firstaufbau. Sie haben auch nur für ganz tiefe Ställe Bedeutung. Der Firstaufbau soll eine bessere Belüftung und Belichtung bezwecken.

Die billigste Art stellt das Pappdach dar. Diese Art der Eindeckung hat außerdem den Vorteil, daß sie auch von Laien ohne große Schwierigkeiten vorgenommen werden kann. Auf die entsprechend starken und in nicht zu weiten Abständen angebrachten Sparren werden die Bretter genagelt. Es ist darauf zu sehen, daß zwischen den einzelnen Brettern keine zu großen Fugen vorhanden sind, weil sich hier leicht Schadenstellen bilden. Es kommt auch leicht vor, daß beim Annageln der Pappe die Nägel gerade in eine dieser Fugen geschlagen werden. Dann ist ein Loch in der Pappe bereits vorhanden, bevor das Dach fertiggestellt ist.

Mehr und mehr wird heute davon abgegangen, zum Eindecken von Stalldächern Teerpappe zu verwenden. Die spätere Instandhaltung bereitet viel Arbeit und wird leider auch vielfach gänzlich versäumt. Erst wenn es durchregnet, soll das Versäumte nachgeholt werden, doch ist es dann meistens zu spät. Teerdächer haben dazu den Nachteil, daß sie bei stärkerer Sonneneinwirkung anfangen zu tropfen.

Teerfreie Bitumenpappen werden in der gleichen Art wie Teerpappe verlegt. Es gibt verschiedene Möglichkeiten zur Aufbringung. Vielfach wird über die Fugen nach dem Aufnageln noch ein Nesselstreifen geklebt, der verhindern soll, daß von unten bei Sturmwetter Wasser durchschlagen kann. Die Bahnen sollen sich 8—10 cm überdecken. Dächer, die mit teerfreier Pappe eingedeckt sind, erhalten später einen Anstrich in einer Farbe, die der Umgebung angepaßt ist.

Für Massivbauten mit Satteldach kommen für die Eindeckung Dachziegel in Betracht, die auf Dachlatten verlegt werden. Die Verlegung der Dachziegel und die nachfolgende notwendige Verstreichung von innen wird am besten durch einen Dachdecker vorgenommen. Für Pultdächer kommen Dachziegel nur dann in Betracht, wenn das Dach ein besonders starkes Gefälle hat. Satteldächer, die nicht gleichseitig sind, werden für eine Eindeckung mit Dachziegeln ungeeignet sein.

In der neueren Zeit ist man teilweise dazu übergegangen, statt der Pappeindeckung Platten aus Zinkblech oder Asbestzement zu verwenden. Ihre Haltbarkeit ist sehr beachtlich, doch soll nicht verschwiegen werden, daß der Preis auch entsprechend hoch ist. Die Verlegung beider Arten erfolgt auf Latten. Selbstverständlich ist es notwendig, unter Dächern dieser Art eine besondere Isolierung anzubringen, weil solche Stallungen sonst zu kalt sind. Mit Zinkblech eingedeckte Dächer erhalten nach einem Jahr einen Schutzanstrich.

In den seltensten Fällen sind an Geflügelställen Dachrinnen vorzufinden. Die Anbringung ist jedoch auf jeden Fall notwendig. Der Platz um den Stall herum ist sonst bei starken Regenfällen leicht in eine Moraststätte verwandelt. Hinzu kommt, daß das vom Dach laufende Regenwasser an die Wände spritzt und deren Haltbarkeit mindert, wenn es sich um Holzwände handelt. Aber auch das Fundament und Mauerwerk leidet durch die ständige Durchfeuchtung. Wem die Dachrinnen aus Zinkblech zu teuer sind, der hat eine Möglichkeit, sich aus Brettern eine winklige Rinne selbst zu bauen. Diese wird mit Teerpappe ausgelegt. Es ist ratsam, das Regenwasser äunzufangen oder in einiger Entfernung vom Stall abzuleiten.

Stallungen ohne Zwischendecke erhalten am besten eine Dachverkleidung, die zur Isolierung dienen soll. Der Raum zwischen den Sparren braucht nicht mit irgendwelchem Material ausgestopft zu sein. Es kann sonst leicht passieren, daß sich Ratten und Mäuse einnisten und dort nur schwer zu bekämpfen sind. Wem es zu kostspielig erscheint, die gesamte Decke von unten zu verkleiden, der sollte wenigstens den Platz über den Sitzstangen in dieser Art ausführen. Zur Verkleidung eignen sich fugenfreie Bretter, Leichtbau- und Hartfaserplatten. Die letztgenannte Art dürfte am billigsten sein und ihren Zweck am besten erfüllen.

Die Fenster

Licht und Luft müssen ungehindert in unsere Geflügelställe gelangen können, wenn sich unsere Tiere wohlfühlen und entsprechende Leistungen vollbringen sollen. Dabei genügt es keineswegs, wenn im Stall ein Fenster angebracht ist, welches sich zur Not auch noch öffnen läßt. An einen neuzeitlich hergerichteten Hühnerstall müssen wir schon höhere Anforderungen stellen, ohne daß er deswegen ein Prunkpalast zu werden braucht. Die Anzahl der Fenster, oder besser gesagt die Flächenmaße der Fenster müssen so bemessen sein, daß es tatsächlich keine Stelle im Stall gibt, die dunkel ist. Zwar kann nicht allenthalben die Sonne hinscheinen, dafür verwehren aufgestellte Geräte oder Zwischenwände und andere Dinge oftmals den Weg, aber hell sein soll es überall. In unseren neuzeitlichen Ställen ist das Fensterproblem fast überall glücklich gelöst, nur wenige Züchter haben sich von verkehrten Ansichten leiten lassen. Schlecht ist es jedoch bei einer sehr großen Zahl älterer Ställe, namentlich in den landwirtschaftlichen Betrieben. Ganz besonders eifrige Züchter haben die Vorderfront ihrer Ställe (oft sieht man dieses bei den Kükenställen) besonders hergerichtet, damit ausreichend Licht und Sonne einfallen kann; da sieht man z. B. Ställe, deren Vorderfront eine sechseckige Form hat, während Seitenwände und Rückfront den normalen Grundriß zeigen. Andere Ställe haben eine Vorderfront, die von oben nach unten schräg verläuft. Bei allen diesen Bauten, die viel Licht, Luft und Sonne geben sollen, hat man immer nur das Wohl der Tiere im Auge gehabt und daran gedacht, wie sehr sich dieses auf die Leistungen auswirken wird.

Die Anzahl und Größe der Fenster ist also immer von der Stallbodenfläche abhängig. Zwar kann man darangehen und eine feste Norm angeben, daß auf soundsoviel Quadratmeter Bodenfläche soviel Fensterfläche kommen soll, aber es spielen noch sehr viele Dinge eine entscheidende Rolle mit und darum ist es schon besser, wenn man sich nach den jeweiligen Verhältnissen richtet. Man betrachte einmal die Lage der Fensterfront. Verlangt wird immer, daß diese nach Süden liegen soll. Aber nicht immer ist dieses möglich; man wird in solchen Ställen meistens schon größere Fenster einbauen müssen. Ebenso ist es mit den sehr tiefen Ställen, bei denen man, obgleich die Fenster von oben bis fast auf den Stallboden reichen, in den rückwärtigen Teil der Seitenwand oder in die Rück-

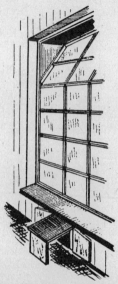

Abb. 14 Dieses Fenster geht bis an die Auslaufklappe herab. Der obere Teil ist nach innen aufzuklappen. In hohen Stallungen besteht die Gefahr, insbesondere wenn leichte Rassen gehalten werden, daß die Hühner hier aufbäumen

wand unterhalb des Kotbrettes noch Fenster einbauen muß, während diese in den kleinen Zuchtställen überflüssig sind. Mit unüberlegten Handlungen können wir hier nicht weiterkommen. In den Zuchtställen werden wir unter normalen Verhältnissen mit einem Fenster, etwa 100 cm breit und 150 cm hoch, auskommen. Hier würde ein Zuviel sehr

leicht schädlich sein, weil durch die übergroße Fensterfläche der Stall zu stark auskühlt. In Ställen mit vier
Meter Vorderfront, die etwa die gleiche Tiefe haben, werden zwei solche Fenster benötigt. Ställe über vier Meter
Tiefe sind meistens im hinteren Teil zu dunkel und müssen mit den erwähnten kleinen Fenstern in der Rückfront

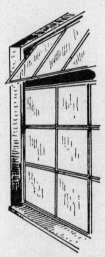

Abb. 15 Hier ist der obere Flügel nach außen aufzuklappen. Bei starken Regengüssen besteht die Gefahr, daß der Flügel verquillt und
sich dann nicht völlig schließen läßt. Ein Drahtrahmen sollte nicht
fehlen, weil sonst die Tiere gegen den Willen des Halters in den
Auslauf gelangen können

ausgestattet werden. Größere Ställe werden entsprechend
eingerichtet.

Um eine richtige Belichtung des Stallfußbodens zu ermöglichen und gleichzeitig den Tieren Gelegenheit zu
geben, sich auch im Stalle zu sonnen, müssen die Fenster
recht tief herabgehen. Das beste Maß für die Unterkante
der Fenster ist etwa 40 cm. Dann fällt allenthalben

genug Licht und Sonne hinein. Noch tiefer hinabzugehen, empfiehlt sich nicht, weil wir dann durch die Tiere zuviel Fensterscheiben einbüßen könnten.

Die Bauart der Fenster ist recht unterschiedlich. An einer Stelle sieht man solche, die entweder im unteren Teil fest gearbeitet und oben seitwärts oder senkrecht aufzuklappen sind oder zu schieben gehen. Es gibt aber auch oftmals

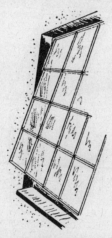

Abb. 16 Von einem gesonderten Fensterflügel ist hier Abstand genommen. Das gesamte Fenster läßt sich nach außen öffnen

welche, die in ihrer ganzen Größe aufzuklappen sind. Alle haben ihre Vor- und Nachteile. Am besten ist auf jeden Fall ein Fenster, welches sich öffnen läßt, damit man bei der Stallventilation nicht einzig und allein auf die Lüftungsklappen angewiesen ist. Sehr praktisch ist es auch, wenn wir den ganzen Fensterrahmen während der warmen Sommermonate herausnehmen und durch einen mit engmaschigem Drahtgeflecht bespannten Rahmen ersetzen können. Die Schiebefenster haben den Nachteil, daß sie bei feuchter Witterung sehr leicht so stark quillen, daß sie sich nicht mehr schließen lassen. Bei den oben zu öffnenden Fenstern müssen wir darauf sehen, daß keine Zugluft entsteht. Gegenüberliegende Fenster sollen darum

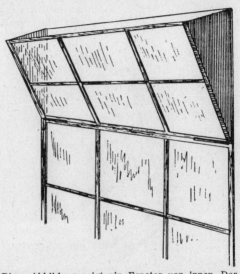

Abb. 17 Diese Abbildung zeigt ein Fenster von innen. Der obere Teil läßt sich wie in Abb. 14 nach innen klappen. Seitlich sind am Fensterrahmen Wandungen angebracht, die aus Holz oder Blech bestehen können, dem Flügel Halt geben und das seitliche Eindringen von Zugluft vermeiden

nicht zur gleichen Zeit geöffnet werden. In den meisten Fällen wird man die Fenster so einrichten, daß sie nach innen geöffnet werden, ohne daß darum bei Regenwetter Feuchtigkeit eindringen kann.

Die Verglasung der Fenster ist recht unterschiedlich. In den letzten Jahren ist man jedoch wieder mehr dazu übergegangen, gewöhnliches Fensterglas zu benutzen

Zwar ist der Wert des schneid- und nagelbaren Glases nicht zu unterschätzen, schon allein darum, weil dieses die für unsere Tiere besonders förderlichen ultravioletten Strahlen durchläßt, aber die Haltbarkeit ist doch nur begrenzt. Das besonders dicke durchsichtige Drahtglas ist für unsere Ställe nicht geeignet. Die besten Fenster nützen nichts, wenn sie nicht auch gleichzeitig entsprechend gepflegt werden. Sehr viele Züchter sehen es scheinbar noch als eine Schande an, wenn sie auch ihre Stallfenster in gewissen Zeitabständen einmal putzen. Bei jeder Stallreinigung muß auch diese kleine Arbeit mit durchgeführt werden, die bestimmt nicht viel Zeit erfordert. Daneben muß aber auch das Holz gepflegt werden. Sobald der Anstrich schadhaft wird, muß er erneuert werden. Auch die Verkittung der Scheiben beginnt durch die Witterungseinflüsse allmählich schadhaft zu werden und abzubröckeln. Beachten wir dieses nicht, dann dringt die Feuchtigkeit in das Holz und zerstört dieses. Darum müssen wir gut Obacht geben. Gut gepflegte Fenster haben eine unbegrenzte Haltbarkeit. Zu achten ist auch darauf, daß die Fenster allenthalben gut schließen, damit keine Fugen entstehen, durch die es immer zieht. Durch kleine Fugenleisten können wir den Schaden schnell beheben. Verquollene Fenster werden etwas nachgearbeitet, damit sich die Flügel nicht erst verziehen. Später läßt sich dann nicht mehr viel daran ändern.

Im Kükenstall kann die Anordnung der Fenster die gleiche sein wie im Zuchtstall. Etwas anderes ist es mit den Jungtierställen, in welche recht viel Frischluft eindringen soll, denn in der Zeit der Aufzucht ist es warm und wir kommen, wenn die Tiere erst genügend abgehärtet sind, ausschließlich mit Drahtgeflechtrahmen aus. Die Tiere sollen ja an alle Witterungseinflüsse gewöhnt werden. In den Putenställen ist es ähnlich. Auch hier ist viel Frischluft erforderlich. Sorgfalt erfordern nur die Putenküken in dieser Hinsicht. Enten und Gänse brauchen keine übermäßig großen Fensterflächen in ihren Ställen, weil diese, namentlich die Enten, sehr scheu sind, weshalb man die Fenster auch nicht so tief herabgehen läßt. Erforderlich ist aber auch hier, daß sich die Fenster öffnen lassen oder daß genügend Ventilationsklappen vorhanden sind, weil beide Arten in schlecht gelüfteten Ställen versagen.

Die Türen

In den meisten Fällen werden die Türen für die Geflügelställe aus festgefügten einwandfreien Brettern in einer Stärke von etwa 25 mm gefertigt. Die gebräuchlichsten Abmessungen sind 1,90 m hoch und 0,90 m breit. In kleineren Ställen kann in der Höhe und Breite entsprechend abgewichen werden. Nach Möglichkeit sollte jedoch darauf gesehen werden, daß die Breite der Tür so ist, daß ohne Schwierigkeiten für die Stallreinigung ein Wagen oder eine Karre hindurchgehoben werden kann. Auf dichtes Schließen der Tür ist zu achten, weil sonst Zugluft entsteht. Selbstverständlich läßt sich auch die Stalltür in der gleichen Art wie die Stallwände verkleiden oder doppelwandig herstellen. In größeren Stallungen ist der Einbau eines Vorraumes oder dessen Vorbau zu empfehlen. Der Einbau der Tür erfolgt am besten immer in der Wand, die am Weg liegt. Wo es sich einrichten läßt, sollte der Stall vom Weg aus zugänglich sein, damit ein Durchschreiten des Auslaufs und beim Transport von Lasten unnötiges Öffnen und Schließen der Türen entfällt.

Be- und Entlüftung des Stalles

Das Geflügel hat einen außerordentlich hohen Bedarf an sauerstoffreicher Luft. Der Be- und Entlüftung der Stallungen ist darum große Bedeutung beizumessen, insbesondere dann, wenn es sich um größere Bauten handelt. Kleine Ställe, die zur Aufnahme von 10—12 Hühnern dienen, können durchweg auf besondere Lüftungseinrichtungen verzichten. In ihnen leisten die Fenster und Türen ausreichende Dienste. Grundbedingung sollte darum für alle Ställe sein, daß sich die Fenster öffnen lassen. In welcher Art dieses geschieht, ist gleichgültig. Im Abschnitt über die Fenster sind entsprechende Ausführungen gemacht. Ein eingebauter oder einzusetzender Rahmen mit

Abb. 18 Lüftungsklappe an der Rückfront des Stalles zwischen den Dachsparren angebracht. Die Klappe ist nach unten zu klappen. Um zu vermeiden, daß die Tiere auf den Sitzstangen Zugluft erhalten ist das Dach von unten verkleidet

engmaschigem Drahtgeflecht sorgt dafür, daß dem vierbeinigen Raubzeug der Zugang verwehrt wird.

In größeren Stallungen können oberhalb oder neben den Fenstern noch besondere Lüftungsklappen eingebaut werden. Ihr Verschluß sollte so gestaltet werden, daß eine teilweise Öffnung möglich ist. Diese Öffnungen werden ebenfalls mit Drahtrahmen versehen.

Ebenso lassen sich Lüftungsklappen zwischen den einzelnen Dachsparren einbauen. Am besten geschieht dieses wiederum in der Fensterfront. Es bereitet aber auch keine

37

Schwierigkeiten, solche Belüftungsmöglichkeiten in der Rückfront, oberhalb der Übernachtungsplätze einzubauen. Um in solchen Fällen jedoch zu verhindern, daß die Tiere auf den Sitzstangen direkt vom Luftstrom getroffen werden, ist es ratsamer, die Unterseite des Daches bis über die Reichweite des Kotbrettes hinaus mit Brettern oder

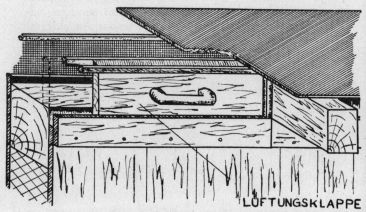

LÜFTUNGSKLAPPE

Abb. 19 Diese Lüftungsklappe ist seitlich zu verschieben. Sie hat den Vorteil, daß sie nicht völlig geöffnet sein muß. Das Dach hat ebenfalls von unten eine Verschalung

Leichtbauplatten zu verkleiden. Dadurch wird ein Luftkanal geschaffen, der zwischen Rückwand des Stalles und Sparren die gleichen Drahtrahmen erhält, wie sie für die Vorderfront vorgesehen sind. Den Einbau dieser Drahtrahmen im Stall vorzunehmen, also dort, wo die Dachverkleidung endet, ist nicht zu empfehlen, weil sich dann in dem verbleibenden Zwischenraum Ungeziefer einnisten kann

Die Belüftung des Stalles bereitet bei größerem Tierbestand nicht so viele Schwierigkeiten wie die Entlüftung.

Die verbrauchte Luft wird auf den Boden gedrückt und ist hier eigentlich nur durch besondere Absaugkamine zu entfernen. Die zu erstellenden Luftschächte, für 100 Hühner ist ein solcher Kamin notwendig, sollen einen Querschnitt von etwa 40 cm aufweisen. Die Absaugkamine können aus Holz oder Leichtbauplatten gefertigt werden. Sie sollen 30—40 cm über dem Fußboden beginnen und durch

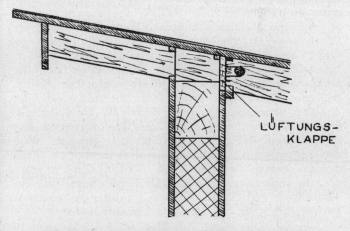

Abb. 20 Die gleiche Ventilationsöffnung im Querschnitt

eine Klappe verschlossen werden können. Über die höchste Stelle der Dachkante sollte der Absaugkamin 50 cm hinausgeführt werden. Von oben wird ein festes Dach als Haube aufgesetzt. Die Seitenwände, so weit sie über das Dach hinausgeführt werden, erhalten seitlich Öffnungen mit schräg nach unten eingebauten Brettchen (Jalusie). Die Saugwirkung der Kamine kann durch das Aufsetzen eines Jahnschen Saugers erhöht werden.

Die Auslaufklappen

Um den Tieren zu jeder Tageszeit das Betreten und Verlassen des Stalles zu ermöglichen, ist der Einbau von Auslauföffnungen notwendig. Die besten Möglichkeiten hierzu sind in der Vorderfront des Stalles unterhalb der Fenster gegeben. Je nach Größe des Stalles und des gehaltenen Bestandes sollte sich die Anzahl und das Ausmaß der Auslauföffnungen richten. Die Höhe der Auslaufklappe sollte in Hühner- und Entenställen möglichst nicht unter 35 cm liegen. Normale Breite der Klappen sind 40—50 cm. Die besten Erfahrungen wurden mit Auslaufklappen gemacht, die in Form eines Schiebers hergerichtet wurden. Die Öffnung erfolgt am besten seitlich, doch kann der Schieber in kleinen Ställen auch so angebracht werden, daß er sich nach oben öffnen läßt. Die Anfertigung der Auslaufklappen sollte so erfolgen, daß sie ebenfalls vollkommen dicht schließen, damit keine Zugluft entsteht. Nur in besonderen Fällen wird der Einbau in mehreren Wänden vorgenommen. Geöffnet sein darf dann aber immer nur der Auslauf in einer Wand. Werden Klappen geöffnet, die nicht in der Fensterfront liegen, dann sind zur Vermeidung von Zugluft auch die Fenster zu schließen. Dieses trifft ganz besonders für Kükenställe zu.

In rauhen Lagen und vor allem in der Jahreszeit mit vorwiegend schlechter Witterung bläst der Wind ständig in die Auslauföffnungen hinein. Erkältungskrankheiten wird dadurch Vorschub geleistet. Um diese zu verhindern, ist der Vorbau von Windschutzkästen zu empfehlen. In Größe der Auslauföffnung wird ein kleines Häuschen vorgebaut, dessen Seitenwände an Scharnieren befestigt sind und abwechselnd, je nach der Windrichtung, geöffnet werden können. Aus der Skizze sind Einzelheiten zu ersehen.

Für Gänse- und Putenställe wird der Einbau besonderer Auslauföffnungen vielfach für überflüssig gehalten. Ver-

gessen wird hierbei, daß die Tiere in der Lege- und Brutzeit in der Lage sein müssen, den Stall ungehindert aufsuchen zu können. Wird nur die große Tür öffen gelassen,
dann nimmt diese viel leichter Schaden, andere Tiere
können in den Stall eindringen und die brütenden oder
legenden Tiere werden gestört. Die Auslaufklappen sol-
ten in solchen Ställen eine Höhe von etwa 60 cm und
eine Breite von 40 cm aufweisen.

Abb. 21 Bei einem solchen Vorbau kann die Auslaufklappe immer
an der windgeschützten Seite geöffnet werden

Die Inneneinrichtung der Hühnerställe

Ist ein Stall in seinem Äußeren fertiggestellt, dann geht
es an die Inneneinrichtung. In kleineren Geflügelhaltungen werden die erforderlichen Gegenstände durchweg
selbst gebastelt. Hiergegen ist nichts einzuwenden, wenn
die Herrichtung so erfolgt, daß die Futter- und Wasserversorgung der Tiere nicht gefährdet ist. Je einfacher ein
Gerät ist, je besser ist es für die Tiere in der Benutzung
und für den Züchter in der Bedienung. In vielen Fällen
ist es jedoch gerade bei den Futtergeräten so, daß sie
nicht zweckmäßig hergestellt werden und die Tiere dann
einen Teil des Futters vergeuden oder beschmutzen. Was
hier billig sein sollte, wird dann auf die Dauer gerade
besonders teuer.

Fangen wir zunächst einmal mit den Schlafplätzen der Hühner an. Es gibt hier zwei Möglichkeiten. Die Tiere können in gesonderten Schlafställen oder Schlafabteilen übernachten. In diesen Fällen wird nur ein Teil des Stalles doppelwandig hergerichtet und nach dem Scharraum zu mit einer Trennwand versehen. An den beiden Längswänden werden in solchen Ställen Lagerhölzer angebracht, welche die Sitzstangen aufnehmen. Es ist angebracht, diese Hölzer so anzubringen, daß auch sie bei der in nicht zu großen Zeitabständen vorzunehmenden Stallreinigung ohne große Schwierigkeiten entfernt werden können. Die blutsaugenden Milben haben dann keine Möglichkeit, sich an nicht erreichbaren Plätzen einzunisten.

Die Lagerhölzer müssen in ihren Ausmaßen so ausgewählt werden, daß sie die später auf ihnen ruhenden Lasten aufnehmen können. Für die Sitzstangen werden Vertiefungen ausgeschnitten, in welchen sie, ohne daß sie festgenagelt zu werden brauchen, ruhen können. Bei einer angenommenen Sitzstangenbreite von 5 cm und einer Stärke von 3 cm sollte der Ausschnitt eine Breite von 5 cm und eine Tiefe von 1,5 cm zeigen. In größeren Schlafräumen sind die Sitzstangen entsprechend breiter und stärker. Alle Sitzstangen werden in der gleichen Höhe angebracht. Bei gesonderten Schlafräumen beträgt die Höhe vom Stallfußboden bis zur Sitzstange 50 cm. Der Abstand von Stange zu Stange beträgt 35 cm. Unter den Sitzstangen wird am besten eine Schicht Torfstreu eingebracht, weil der Torf die Ausscheidungen am besten bindet. Es können jedoch auch andere Streumittel verwendet werden. Bei einer Einstreu von Stroh ist es angebracht, daß dieses vorher einige Mal zerschnitten wird. Die Reingung läßt sich dann leichter durchführen und der Dung besser verwerten.

Die zweite Art der Schlafplätze besteht aus Sitzstangen mit darunter befindlichen Kotbrettern, die fast immer am günstigsten entlang der Rückwand des Stalles angebracht werden. Für ein Huhn werden 20—25 cm Sistzstange benötigt. Die Anbringung von Kotbrettern ist deshalb notwendig, weil sonst der Stall zu schnell verschmutzen würde und die Gefahr der Übertragung von Krankheiten und Seuchen zu groß wäre.

Das Kotbrett soll aus festgefügten Brettern bestehen. Von der Rückfront des Stalles nach vorn soll ein geringes Gefälle zur Erleichterung der Reinigung vorhanden sein. Die Breite des Kotbrettes richtet sich nach der Anzahl der benötigten Sitzstangen. Der Abstand von der Stallwand bis zur ersten Sitzstange soll 25 cm betragen. Dieses ist ein Mindestmaß. Besser sind 35 cm, damit sich die Tiere ihre Schwanzfedern nicht zerstoßen. Der Abstand von Stange zu Stange soll 35 cm, besser noch 40 cm betragen. Von der vordersten Sitzstange bis zur Kante des Kotbrettes sollen noch einmal 20—25 cm Raum verbleiben. Es hat keinen Zweck, Kotbretter von über 140 cm Tiefe zu schaffen, da sich diese im hinteren Teil nicht ohne Schwierigkeiten reinigen lassen. Hinzu kommt, daß der Züchter am Abend auch einmal eine Durchsicht seiner Tiere vornimmt. An die letzte Stange ist dann jedoch kaum heranzukommen. Die Bretter für das Kotbrett sollen von hinten nach vorn, niemals jedoch von links nach rechts verlaufen, die Reinigung ist dann nur schwer möglich. Um zu vermeiden, daß sich Ungeziefer einnisten kann, ist es wertvoll, wenn das Kotbrett recht wenig Fugen und Risse aufweist. Verschiedene Versuche mit Kotbrettern aus Beton, Blech, Leichtbau- und Hartfaserplatten haben nicht immer den erhofften Erfolg gezeigt.

Sitzstangen in der Art, wie sie in früheren Jahren üblich waren, gibt es nur noch in wenigen rückständigen Geflügelhaltungen. Heute sind fast allenthalben Sitzstangen aus Vierkanthölzern vorzufinden, die in die Auflagestellen der Lagerhölzer lose gelegt werden. Über die Breiten und Stärken der Sitzstangen ist bei der Behandlung der Schlafräume bereits eingegangen worden. Sie sollen aus glattgehobeltem Holz ohne Fugen und Risse ange-

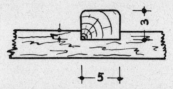

Abb. 22 Auf solchen Sitzstangen können die Hühner gut ruhen. Verkehrt ist es, sie auf den Auflagen völlig zu befestigen

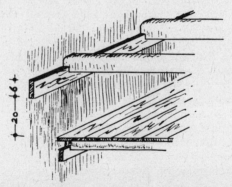

Abb. 23 Gut ist es, wenn unterhalb der Sitzstangen ein Kotbrett angebracht werden kann. Die Bretter sollen von hinten nach vorn verlaufen, damit sie sich besser reinigen lassen

fertigt werden. Lediglich die beiden Oberkanten der Sitzstangen werden ganz schwach abgerundet. Bewährt hat es sich, wenn die Sitzstangen geölt werden und auch einen Farbanstrich erhalten, weil dann die Poren vollkommen geschlossen sind und keinen Unterschlupf für die Milben mehr bieten können. Bei jeder Stallreinigung werden sie aus den Lagerhölzern entfernt und gründlich gescheuert. Der Abstand zwischen Sitzstangen und Kotbrett soll etwa 20 cm betragen. Die Höhe der Sitzstangen vom Fußboden beträgt je nach gehaltener Rasse 80—120 cm. Das Kotbrett wird täglich am Morgen gereinigt, damit die Tiere nicht an die Ausscheidungen kommen können.

Abb. 24 Oben zwei offene, unten zwei mit Klappfallen versehene Legenester

Bei den im Stall aufzustellenden Legenestern unterscheiden wir zwischen den offenen Nestern und Fallennestern. Je 5 Hühner benötigen mindestens ein offenes Nest. Bei der Aufstellung von Fallennestern muß für je 3 Hühner ein Nest gerechnet werden. Die Herrichtung der offenen Nester bereitet keine großen Schwierigkeiten. Eine einfache Kiste läßt sich leicht zu Legenestern umgestalten. Das einzelne Nest soll eine Länge, Breite und Höhe von etwa je 40 cm haben. An der Vorderfront wird unten ein etwa 10 cm breites Brett angebracht, welches verhindern soll, daß die Eier aus dem Nest rollen können. Wertvoll ist es, wenn auch die einfachen Legenester zum Zweck der leichteren Reinigung und Ungezieferbekämpfung voll auseinandernehmbar gebaut werden. Bei einem größeren Hühner--Bestand können die Nester in beliebiger Zahl nebeneinander gesetzt werden, ebenso können sie in 2—3 Etagen übereinander Aufstellung finden. Die untere Nestreihe sollte jedoch so hoch vom Fußboden entfernt aufgestellt werden, daß darunter noch etwa 40 cm Platz ist, weil dann keine Stallfläche verloren geht und auch keine dunklen, schwer zu übersehenden Ecken gebildet werden. Um das Übernachten der Hühner auf den Nestern zu verhindern, wird über der obersten Nestreihe eine Schräge angebracht. Vor jeder Nestreihe läuft eine Stange entlang, damit die Hühner das Nest besser erreichen können. Kisten oder Körbe, in welche die Hühner von oben springen müssen, haben sich wegen der vielen Brucheier nicht bewährt.

Die Anfertigung der Fallennester ist etwas schwieriger. Für denjenigen, der jedoch überhaupt nicht mit Hammer und Säge umgehen kann, gibt es Spezialfirmen, die fertige Batterien liefern. Fallennester sollen die gleiche Größe wie offene Nester haben. Einzelheiten für den Bau sind aus der Skizze und der besonderen Schrift „Fallennester", erschienen im gleichen Verlag, zu entnehmen.

Besondere Aufmerksamkeit erfordern die Futtergeräte. Hier ist zu unterscheiden zwischen solchen, die nur für eine Mahlzeit das Futter aufnehmen sollen und denen, die ein Fassungsvermögen von 20—50 kg haben und jeweils in die Freßrinne soviel nachrutschen lassen, wie von den Tieren verzehrt wird. Die erstgenannte Art findet in erster Linie in kleinen Geflügelhaltungen Verwendung und wird für die Verabreichung von Weichfutter benutzt. Diese Futtertröge sollen in ihren Längenmaßen so bemessen sein, daß an ihnen sämtliche gehaltenen Tiere zur gleichen Zeit fressen können. Wenn sie gleichzeitig noch zur Verabreichung von Weich- und Trockenfutter dienen, ist es notwendig, daß jeweils nach der Weichfuttergabe eine gründliche Säuberung erfolgt, weil sonst leicht Verdauungsschädigungen durch verdorbenes Futter hervorgerufen werden können.

Wird ein Futterbehälter beschafft oder selbst gebaut, der größere Mengen aufnehmen kann, dann ist vor allem der Gefahr der Futtervergeudung Beachtung zu schenken. Bei wechselnder Beschaffenheit der Futtermischung kann es sehr leicht vorkommen, daß sich in der Rinne längere Zeit überhaupt kein Futter befindet, weil dieses u. U. eine grobe Beschaffenheit aufweist. Das nächste Mal kann es passieren, wenn das Futter fast Mehlform hat, daß es in so großen Mengen nachrutscht, daß die Hühner es über den Schutzrand ziehen und es dann in der Einstreu verkommt. Eine ständige Beobachtung und genaue Einstellung entsprechend der im Augenblick verwandten Futtermischung ist darum notwendig.

Für die Aufstellung der Futtertröge und auch der größeren Futterbehälter ist stets ein Tisch der Aufstellung in der Einstreu vorzuziehen. Die Höhe vom Fußboden soll je nach gehaltener Rasse 40—50 cm betragen. Die Futtergeräte sind so aufzustellen, daß sie sich seitlich nicht verschieben können. Rings um die Geräte sollten etwa 5 cm breite Leisten, glattgehobelt, zu zweien mit 5 cm Abstand von einer Leiste zur anderen angebracht werden, damit die Tiere sich bei der Futteraufnahme nicht krampfhaft festhalten müssen.

Selbstverständlich gehört in den Hühnerstall auch eine Tränke. Es geht nicht an, daß die Tiere irgendwo ihren Durst stillen, denn zur Erzeugung von Eiern brauchen sie große Mengen von Wasser. Auf die Qualität wirkt es bestimmt negativ ein, wenn die Hühner diesen Bedarf am Misthaufen oder an sonstigen ungeeigneten Stellen decken. Die Tränke gehört in den Stall auf einen Tisch, wie er auch für die Aufstellung der Futtertröge Verwendung findet. Es soll nicht irgendeine Schale oder Blechbüchse, sondern eine richtige Hühnertränke sein, in welcher das Wasser ständig nachfließt. Die neuzeitlichen Tränken entsprechen allen Anforderungen. Für größere Betriebe mögen Tropftränken oder ähnliche Vorrichtungen, angeschlossen an eine Wasserleitung angebracht sein, doch sollte auch hier niemals vergessen werden, daß lange anhaltende kalte Winter oft böse Überraschungen bringen, die später nur mit hohem Geldaufwand wieder beseitigt werden können. Die vielfach noch vorzufindenden Tränkeimer haben den Nachteil, daß sie sich nur schwer reinigen lassen.

Was gehört weiter in den Stall? Ein Behälter, in welchem den Tieren Holzkohle und Muschelkalk zur beliebigen Aufnahme zur Verfügung gestellt werden. Dieser Behälter kann ähnlich einem gewöhnlichen nur einseitig genutzten Futtertrog gestaltet werden. Er wird am besten fest an der Stallwand angebracht. Die Größe richtet sich nach dem gehaltenen Bestand. Da die Gefahr besteht, daß eine ganze Anzahl Tiere den Behälter nicht beachtet, sollte die normale Beigabe Kalk und Holzkohle der Futtermischung trotzdem beigegeben werden.

Eine Grünfutterraufe ist in all solchen Ställen notwendig, wo in der Zeit von Ende Oktober bis Ende März den Tieren Grünfutter in Form von Blättern des Grünkohls oder Blätterkohls verabreicht wird. Es wird dann von den Hennen besser aufgenommen und sauber gehalten. Die Herrichtung einer solchen Raufe ist äußerst einfach. Es wird ein Rahmen in der Größe von 100 cm Breite und 40 cm Höhe gefertigt. An den beiden Breitseiten wird ein nach unten spitz auslaufendes Brett, welches oben eine Breite von 12 cm zeigt, angebracht, damit bei der Befestigung an der Wand eine unten geschlossene Raufe entsteht. Oben kann zur Verhinderung des Auffliegens und der Beschmutzung ein Deckel angebracht werden, der an Scharnieren befestigt und nach oben zu klappen ist. Der Rahmen selbst wird mit dünnem Maschendraht mit einer Maschenweite von 50 mm bespannt.

Ob das Staubbad mit im Stall eingerichtet werden soll, hängt von den jeweiligen örtlichen Verhältnissen ab. Wo

Abb. 25 Ein Stall für 12 Hühner in massiver Ausführung

es sich anderweitig nicht unterbringen läßt, erfolgt die Anlage am besten unterhalb eines der Fenster, damit es von der Sonne erreicht werden kann. Umgrenzt werden kann es von Brettern, die eine Breite von etwa 20 cm haben. Für einen Bestand von 100 Hennen genügt ein Staubbad in den Ausmaßen von 120×80 cm.

Die Zeit ist nicht stehen geblieben. Im Hühnerstall ist heute nicht nur Licht zur Beleuchtung des Stalles vorzufinden, sondern vielfach sind Speziallampen angebracht, in der Art, wie sie bei der Kükenaufzucht Verwendung finden. Für Hühnerhaltungen, die lediglich der Eiererzeugung dienen, ist die Anbringung von Lampen zur Verlängerung des Tages gewiß nicht von der Hand zu weisen.

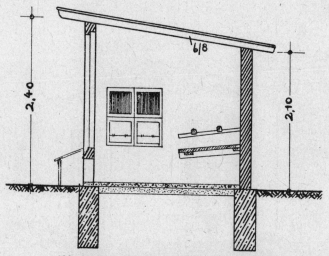

Abb. 26 Querschnitt des Stalles für 12 Hühner

Hierfür reichen aber die gewöhnlichen elektrischen Birnen, am frühen Morgen eingeschaltet, vollkommen aus, wenn sie in der Art der Anbringung und Stärke ausreichen, den Stallfußboden und vor allem die Futter und Tränkgefäße zu beleuchten. Ob eine Beleuchtung durch Infrarotstrahler im Verhältnis zu den höheren Kosten auch die entsprechenden Mehrerträge bringt, ist bislang noch nicht nachgewiesen.

Baubeschreibung eines Stalles für 12 Hühner

Die Mehrzahl der Hühnerhalter verfügt nur über einen kleinen Bestand, für welchen der in der Skizze dargestellte Stall ausreicht. Der Grundriß und die Vorderfront können auch für Einbauten in bereits vorhandene Gebäude als

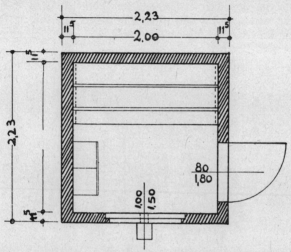

Abb. 27 Der Grundriß des Stalles für 12 Hühner läßt klar erkennen, daß entlang der Rückwand die Sitzstangen angebracht sind

Anleitung gelten. Errichtet ist dieser Stall als Massivbau mit Pultdach. Die Wände sollten nach Möglichkeit hohl gemauert sein, damit der Stall wärmer ist. Besondere Entlüftungsklappen sind nicht eingebaut. Das Fenster hat eine Größe von 150 cm Höhe und 100 cm Breite. Die beiden Sitzstangen bieten den Tieren ausreichend Platz. Für die Eiablage sind 4 Lege- oder Fallennester vorgesehen. Die Auslaufklappe erhält zum Schutz gegen eindringende Winde einen Vorbau. Der Stall ist für größere

Betriebe auch zur Unterbringung eines Zuchtstammes geeignet. Die Ausführung kann selbstverständlich auch in Holz erfolgen.

Baubeschreibung eines Stalles für 50 Hühner

Der in der Skizze dargestellte Stall hat eine Grundfläche von 4 × 4 m und dient zur Aufnahme von 50 Hühnern. Die Ausführung ist in diesem Fall als Fachwerkbau

Abb. 28 Ein Stall für 50 Hennen mit Satteldach
als Fachwerkbau mit Holzverkleidung

erfolgt. Die Wände sind von beiden Seiten verkleidet, damit eine gute Isolierung erreicht wird. Das Dach ist als Pultdach erstellt worden, eine Zwischendecke ist eingezogen. Auf diese wird Stroh zur besseren Isolierung gebracht. In den Giebelwänden ist eine besondere Öffnung vorgesehen., damit eine bessere Luftzirkulation erreicht wird. Es sind zwei Fenster eingebaut, die jeweils 150 cm hoch und 100 cm breit sind. Die Sitzstangen haben eine Länge von insgesamt über 11 m und reichen somit

52

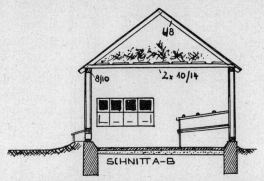

Abb. 29 Der Querschnitt läßt erkennen, daß in Höhe der Stallwände eine Zwischendecke eingezogen ist

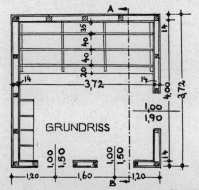

Abb. 30 Grundriß des Stalles für 50 Hennen

zur Aufnahme von 50 Tieren aus. Besser ist es jedoch, wenn sie alle in gleicher Höhe angebracht werden. Das darunter befindliche Kotbrett dient zur Aufnahme der Ausscheidungen. Bei einer vollen Besetzung des Stalles reichen die angegebenen 8 Nester nicht aus. Jede Sitzstangen-Reihe

53

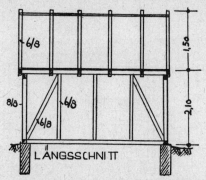

Abb. 31 Längsschnitt durch den Stall für 50 Hühner

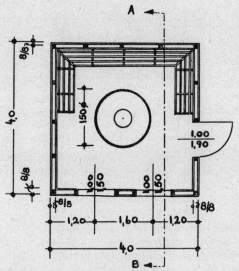

Abb. 32 Der Stall wie in Abb. 28 gezeigt, für die Kükenaufzucht hergerichtet

sollte 5 Nester erhalten, die in Etagen aufgestockt werden, damit insgesamt 15 Nester vorhanden sind.

Derselbe Stall kann auch als Aufzuchtstall für 300 Küken Verwendung finden. Die nachstehende Skizze zeigt, wie dann der Heizofen aufgestellt werden sollte. Im hinteren Teil der beiden Seitenwände und entlang der Rückwand werden mit zunehmendem Wachstum die Sitzstangen an-

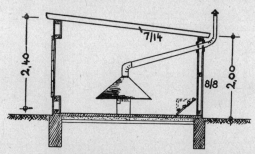

Abb. 33 Auf die richtige Isolierung ist in solchen Fällen zu sehen, damit Brandschäden vermieden werden

gebracht, die den Tieren ein frühzeitiges Aufbäumen ge- statten und dem Züchter die Arbeit bei der Entwöhnung von der Wärmequelle erleichtern. Die gesamte Einrich- tung wird leicht beweglich gehalten.

Bei einer Bauausführung mit Pultdach sollte die Anlage des Abzugrohres nicht durch das Dach erfolgen, sondern so, wie in der Skizze dargestellt. Die Rückwand ist allerdings entsprechend zu isolieren, da die Feuersgefahr sonst zu groß wird. Durch das Dach geführte Rohre bringen stän- digen Ärger, weil es immer wieder durchregnet. Damit der Ofen zieht, ist das Rohr allerdings soweit über die Dachkante zu führen, daß der höchste Punkt des Stalles überragt wird. Die heute vielfach verwandten elektrischen Aufzuchtgeräte entheben uns solcher Sorgen.

Baubeschreibung eines Stalles für 100 Hennen

Wer einen Bestand von etwa 100 Hennen hält und dafür einen Stall mit einer Grundfläche von rd. 33 qm benö-

Abb. 34 Ein Stall für 100 Hennen als Massivbau mit Satteldach

Abb. 35 Der gleiche Stall mit getrenntem Schlafabteil und Pultdach mit Frontkappe

tigt, der steht sich hinsichtlich der Belichtung des Stalles besser, wenn die Grundfläche ca. 8 × 4 m statt 6 × 6 m beträgt. Nur dort, wo noch größere Bestände gehalten werden, ist eine Stalltiefe von 6 m zu empfehlen.

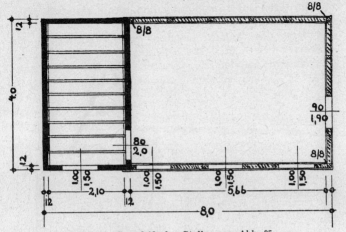

Abb. 36 Grundriß des Stalles aus Abb. 35
Der Scharraum ist zur Senkung der Baukosten aus Holz gefertigt

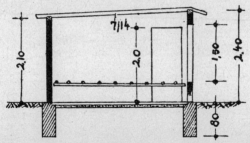

Abb. 37 Der gesonderte Schlafraum im Querschnitt. Der Kot braucht
nicht täglich entfernt zu werden. Am Tage wird die Verbindungs-
tür geschlossen

Der in den Abbildungen gezeigte Stall hat einmal ein
Satteldach und das andere Mal ein Pultdach mit der in
Deutschland wenig vorzufindenden Frontkappe. Einmal ist
die Bauweise völlig massiv im Grundriß dargestellt. Beim

zweiten Grundriß ist nur der gesonderte Schlafstall massiv errichtet, während der Scharraum in Fachwerk billiger erstellt werden konnte. Dann ist wieder noch zu unterscheiden in einen Stall zur Aufnahme von 100 Hennen mit gesondertem Schlafabteil und einen Stall, der in der einen Hälfte 50 Hennen aufnimmt und im anderen Teil als Auf-

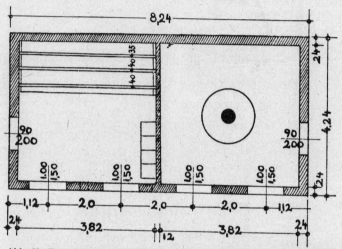

Abb. 38 Der gleiche Stall wie in Abb. 34, jedoch zur Hälfte für die Aufzucht dienend. Die andere Hälfte kann 50 Hennen aufnehmen

zuchtstall eingerichtet ist. Selbstverständlich kann das Schlafabteil auch entfallen und dafür ein durchgehender Scharraum mit Sitzstangen und Kotbrett eingerichtet werden. Im abgesonderten Schlafabteil werden die Sitzstangen in 50 cm Höhe vom Fußboden entfernt angebracht. Die Einrichtung der anderen Abteile erfolgt entsprechend der Anweisungen, die in der Baubeschreibung des Stalles für 50 Hühner gegeben wurden.

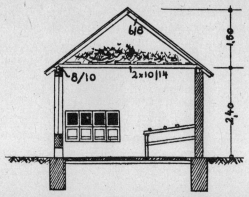

Abb. 39 Ein Querschnitt durch das Abteil für die Hühner.
Die Sitzstangen werden besser alle in gleicher Höhe angebracht

Baubeschreibung für einen Kükenstall

Ein ausgesprochener Stall für die Aufzucht läßt sich nach den Angaben, wie sie in der Baubeschreibung des Stalles für 50 Hühner aufgezeigt wurden, ohne Schwierigkeiten in der Gestaltung festlegen. Wer größere Mengen Küken aufzieht, sollte nicht den einen Stallteil entsprechend vergrößern, sondern dafür lieber weitere Abteile schaffen. Küken lassen sich in kleineren Herden weit besser aufziehen und die Gefahr der Übertragung von Krankheiten und Seuchen ist nicht so groß.

Baubeschreibung für ein Gluckenhäuschen

Die Aufzucht von Küken im gleichen Stall und Auslauf der großen Hühner führt in den seltensten Fällen zu einem vollen Erfolg. Es ist darum auch für die kleinsten Geflügelhaltungen günstiger, wenn für die Unterbringung der Glucke und ihrer Küken ein kleines Häuschen errichtet wird, in welchem sie die ersten Lebenstage verbringen und auch später bei schlechter Witterung Unterschlupf finden. Die Abmessungen sind aus der Skizze ersichtlich.

Abb. 40 Vorderansicht eines Gluckenhäuschens
Die Tür kann mit Draht oder Drahtglas verkleidet sein

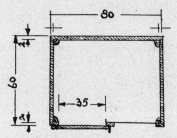

Abb. 41 Grundriß des Gluckenhäuschens

Der Zwerghuhnstall

Zwerghühner könnten in den gleichen Ställen wie ihre großen Artgenossen untergebracht werden. In den meisten Fällen ist es jedoch so, daß die Haltung von Zwerghühnern einen besonderen Grund hat. Oft mangelt es am erforderlichen Platz für große Hühner. Vielfach wird aber auch Zwerghuhnzucht als Liebhaberei betrieben. Wo an sich schon mit jedem Zentimeter gerechnet werden muß, wäre es unsinnig, einen solchen großen Bau aufzuführen. Der Liebhaber hingegen legt fast immer großen

Wert darauf, daß das Äußere des Stalles eine Zierde darstellt.

Wo eine Haltung in den sonst üblichen Ställen für große Hühner nicht in Frage kommt, fällt es nicht schwer, die Maße entsprechend abzuändern. Für einen kleinen Stamm Zwerghühner, etwa 6 bis 8 Tiere, genügt ein Stall mit einer Grundfläche von 2 qm. Großer Wert ist darauf zu legen, daß der Zwerghuhnstall warm genug ist, da die Zwerghühner gegen Kälte empfindlicher sind als große Hühnerrassen. Bei Holzbauten wird eine doppelte Wand und entsprechende Isolierung notwendig sein. Gut ist es auch, wenn das Dach von innen noch verkleidet und isoliert wird. Die Vorderfront des Stalles, die am besten ebenfalls nach Süden oder Südosten gerichtet ist, erhält das Fenster und die Auslaufklappe. In entsprechend hohen Stallungen können die Sitzstangen und das Kotbrett in der gleichen Höhe angebracht werden wie bei den großen Hühnern, es sei denn, daß es sich um schwere Rassen handelt, denen das Aufsuchen der Schlafplätze Mühen bereitet. Für die Sitzstangen reicht eine Breite von 4 cm aus.

Gegen die oft besonders liebevoll hergerichteten Zwerghuhnställe einzelner Zwerghuhnfreunde sind keine Einwendungen zu machen, wenn sie in ihrer inneren Gestaltung den Erfordernissen entsprechen. Oft ist es jedoch so, daß die Behausungen völlig ungeeignet sind. Es ist dann kein Wunder, wenn die Tiere in der Eiablage versagen. Wie oft sind Unterkünfte zu sehen, die aus einer Kiste oder sogar einem Faß hergerichtet sind und nur eine schöne Fassade tragen.

Futtergeräte und Tränken sind die gleichen wie bei den großen Hühnern, wenn sie auch im Fassungsvermögen kleiner sein können. Die Legenester brauchen ebenfalls in der Größe nicht die gleichen Abmessungen zu zeigen wie die im Stall der großen Hühner. Besonders vorsichtig sollte der Zwerghuhnzüchter sein, wenn er für seine Tiere Fallennester anfertigt. Werden hier die Maße nicht verändert, dann wird die Mehrzahl der Rassen das Nest betreten und auch wieder verlassen, ohne daß die Klappe es verschließt. Unterschiede sind hier auch noch wieder notwendig zwischen den besonders kleinen Urzwergen und den größeren und stärkeren Tieren der verzwergten Rassen.

Der Gänsestall

Die Gänse stellen an ihre Unterkunft keine großen Ansprüche. Fast das ganze Jahr hindurch halten sie sich im Freien auf. Lediglich für die Nachtstunden und in der Brutzeit benötigen sie eine Unterkunft.

Fast jeder Raum ist für die Unterbringung der Gänse geeignet. Wichtig ist jedoch, da die meisten Gänse ihr Gelege selbst erbrüten, daß der Stall von den Tieren ungehindert aufgesucht werden kann. Es kommt sonst leicht vor, daß sie ihre Eier an ungeeigneten Plätzen ablegen. Die Umgewöhnung einer brütenden Gans an einen anderen Platz ist jedoch sehr schwierig. Eine gemeinsame Unterbringung mit anderen Geflügelarten ist nicht zu empfehlen, da die Gänse den Stall ständig beschmutzen und auch das teure Futter der anderen Arten mit verzehren.

Für einen Zuchtstamm würde ein Stall mit einer Grundfläche von etwa 6 qm ausreichen. Da in den meisten Fällen im gleichen Stall jedoch auch die Nachzucht untergebracht wird, sollte der Raum nicht zu klein bemessen sein. Es ist auch notwendig, in den Herbstmonaten eine besondere Ecke als Maststall herzurichten. Selbstverständlich gibt es auch Möglichkeiten zur anderweitigen Unterbringung der Nachzucht. Wo jedoch ein besonderer Stall für Gänse errichtet wird, da sollten gleich alle Erfordernisse berücksichtigt werden.

Werden die Gänse in einem bereits bestehenden Stall untergebracht, dann genügt es, wenn in diesem Trennwände in einer Höhe von etwa einem Meter eingezogen werden. Unbedingt erforderlich ist für den Gänsestall ein fester Fußboden. Es kann sonst leicht vorkommen, daß durch Ratten und anderes Raubzeug größere Verluste auftreten. Der Stall läßt sich dann auch leichter reinigen, die Einstreu bleibt längere Zeit trocken. Obgleich die Gans ein Wasservogel ist, kann sie nasse Einstreu nicht gut vertragen. Junggänse sind in den ersten Wochen besonders empfindlich. Notwendig ist es auch, für eine ausreichende Belüftung des Stalles zu sorgen. In den Sommermonaten kann das Fenster geöffnet bleiben oder durch einen Drahtrahmen ersetzt werden.

Der Gänsestall soll ausreichend belichtet sein. Es ist jedoch nicht notwendig, daß Fenster in einer Größe wie im Hühnerstall eingebaut werden. Vor allem brauchen sie nicht so weit nach unten zu reichen. Der Abstand vom Fußboden bis zur Unterkante des Fensters kann einen Meter betragen.

Der Gänsestall braucht in der Höhe nicht zu reichlich bemessen zu sein. Trotzdem sollte sich in ihm eine ausgewachsene Person ungehindert bewegen können, die Reinigung und sonstige Arbeiten lassen sich sonst nur schwer durchführen. In zu hohen Ställen wird zweckmäßig eine Zwischendecke aus Stroh eingezogen.

Wie bereits eingangs erwähnt, brüten Gänse am besten dort, wo sie ihre Eier abgelegt haben. Bei der Anlage der Nistkästen ist Wert darauf zu legen, diese so herzurichten, daß sie gleichzeitig als Lege- und Brutnest Verwendung finden können. Die einzelnen Nestabteile sollten eine Größe von etwa 100 × 70 cm haben. Die Anbringung der Nester erfolgt an einer halbdunklen Stelle, da sich die Tiere dann während der Brut ruhiger benehmen. Während der Legezeit bleiben die Nester vorn offen. Sobald ein Tier zur Brut schreitet, wird die Vorderfront durch einen Drahtrahmen in Form einer Tür verschlossen. Dieses ist notwendig, weil sonst andere Gänse ihre Eier mit in das Nest legen würden und es auch zu Beißereien kommen könnte. Der Züchter sollte sich jedoch daran gewöhnen, seine Gänse täglich zur gleichen Zeit vom Nest zu lassen, weil es sonst vorkommen könnte, daß sich ein Tier selbst daraus befreit und es dann nicht wieder aufsuchen kann.

Für die Aufzucht der Gänseküken wird, wenn sie von einer Gans betreut werden, kein besonderer Stall benötigt. Die führende Gans nimmt am Abend ihre Gössel mit an den gewohnten Platz. Anfänglich ist zu empfehlen, damit keine Küken zertreten werden, die Gans abends in ihr Nestabteil zu sperren. Wo die Gänse künstlich aufgezogen werden oder Hühnerglucken und Puten die Führung übernommen haben, ist es besser, wenn die Tiere, bis sie befiedert sind, eine gesonderte Unterkunft bekommen.

In der Mastzeit werden die Gänse von vielen Züchtern gänzlich im Stall gehalten. Da es fast immer so ist, daß einige Tiere für Zuchtzwecke behalten werden, die nicht das kostbare Futter benötigen, ist zu empfehlen, einen Teil des Stalles als Maststall abzutrennen. Dieser wird zweckmäßig so hergerichtet, daß die Futtergeräte und Tränken außerhalb von ihm Aufstellung finden können. Die Trennwände bestehen in solchen Fällen aus Lattenrahmen, durch welche die Gänse ihren Kopf zur Futteraufnahme stecken können. Dieses hat den Vorteil, daß die Gänse das Futter nicht beschmutzen können. Außerdem bleibt die Einstreu besser trocken. Die Herrichtung der Mastabteile braucht nicht unbedingt in einem Stall zu erfolgen. Sie lassen sich auch unter offenen Schuppen und anderen Bauten erstellen. In Mästereien werden die zur Mast bestimmten Tiere vielfach gänzlich im Freien gehalten.

Baubeschreibung für einen Gänsestall

Der in der Abbildung gezeigte Gänsestall kann dort, wo die Gefahr eines Diebstahls nicht so groß ist, für die Zuchttiere und Mastgänse Verwendung finden. Die Vorderfront ist hier gänzlich aus Drahtgeflecht gearbeitet. Zur besseren Reinigung sind die Türen so angebracht, daß die ganze Vorderfront zu öffnen ist. Die Höhe des Stalles beträgt vorn 2,20 m und hinten 1,80 m. Auf eine doppelte

Abb. 42 Ein Gänsestall mit offener Front

Wandung kann verzichtet werden, da die Gänse gegen Kälte nicht empfindlich sind. Die Vorderfront kann selbstverständlich auch eine andere Gestaltung erhalten. Wo sie gänzlich geschlossen wird, sollte der Einbau des Fensters möglichst in ihr erfolgen. Da es nicht zweckmäßig ist, während der Lege- und Brutzeit die Tür den ganzen

Tag über geöffnet zu lassen, ist der Einbau einer etwa 60 cm hohen und 40 cm breiten Auslaufklappe zu empfehlen. Es ist nicht zweckmäßig, die Futtergefäße und Tränken im Stall unbeweglich einzubauen.

Der Entenstall

Enten sind schreckhafte Wesen und werden durch Störungen in ihren Leistungen beeinflußt. Auf diese Tatsache muß bei der Errichtung von Entenställen weitgehendst Rücksicht genommen werden. Zur Nachtzeit einfallendes Licht von Lampen oder Autos beunruhigt die Enten außerordentlich stark. Ebenso ist es mit vorübergehenden Personen, deren Schatten sich am Fenster abzeichnen.

Es ist keineswegs notwendig, daß Enten in Stallungen untergebracht werden, die in der gleichen Art errichtet sind wie Hühnerställe. Für die Unterbringung eines kleinen Bestandes, etwa ein Erpel und fünf Enten, dürfte die Errichtung eines besonderen Stalles nur dann notwendig sein, wenn keine anderen Stallungen vorhanden sind. Es ist sehr gut möglich, die Enten in einem zur Zeit nicht genutzten Schweinestall unterzubringen oder im Hühnerstall unter dem Kotbrett ein Abteil für sie herzurichten. In solchen Fällen sollte mit der Unterbringung jedoch nicht häufiger gewechselt werden, weil die Enten dieses sofort durch ein Aussetzen der Legetätigkeit beantworten.

Die Größe des Entenstalles muß sich nach der Anzahl der gehaltenen Tiere richten. Für drei Enten wird 1 qm Bodenfläche benötigt. Eine gemeinsame Haltung eines größeren Entenbestandes ist nicht zu empfehlen. Die Legeleistungen einer solchen Herde liegen weit unter den Leistungen kleinerer Stämme. Sobald es sich um Bestände von über 20 Enten handelt, ist es zu empfehlen, diese in mehrere kleine Stämme zu unterteilen. Jeder Stamm erhält dann seinen besonderen Auslauf und sein Stallabteil. Für 100 Enten werden am besten 6 getrennte Abteile geschaffen.

Der Entenstall muß eine gute Belüftung aufweisen. In größeren Stallungen ist unbedingt der Einbau von Lüftungsklappen oder sogar Absaugkaminen in Erwägung zu ziehen. In solchen Fällen können die eigentlichen Fenster aus starken Drahtglasscheiben bestehen und fest eingebaut werden. Handels es sich um kleine Ställe, dann sind besondere Lüftungsmöglichkeiten nicht notwendig, dafür werden die Fenster so hergerichtet, daß sie leicht zu öffnen sind.

Enten sind gegen nasse Einstreu besonders empfindlich. Es ist außerordentlich schwer, einen Entenstall trocken zu halten, wenn dieser zu stark besetzt ist, keine ausreichenden Lüftungsmöglichkeiten aufweist oder wenn in ihm die Tränken aufgestellt sind. In Ställen mit feuchter Einstreu kommen die Enten nicht zur Ruhe, weil sie ständig aufgeregt hin und her laufen. Die Legetätigkeit wird dadurch wesentlich beeinflußt. Es ist Sache des Züchters, die Gründe festzustellen und schnellstens für Abhilfe zu sorgen.

Die Inneneinrichtung eines Entenstalles ist außerordentlich einfach. Bis auf die wenigen Winterwochen, wo den Enten im Auslauf kein Futter und Wasser gereicht werden kann, erübrigt sich eine Aufstellung der Futtergeräte und Tränken im Stall. Als Futtertröge können gleiche Geräte Verwendung finden, wie sie der Hühnerzüchter für die Verabreichung von Weichfutter benutzt. Die Wasserversorgung bereitet viel Kummer. Die Enten beschäftigen sich so lange an der Tränke, bis diese geleert ist. Die Umgebung der Tränke ist dann völlig durchnäßt. Ratsam ist es darum, die Tränke auf einem mit engmaschigem Drahtgeflecht verkleideten Rahmen aufzustellen. Dieser Rahmen wird über eine im Fußboden angebrachte Vertiefung gelegt, in welche das verspritzte Wasser ablaufen kann. Die Größe des Rahmens richtet sich nach dem vorhandenen Bestand und somit der Größe der Tränke. Es wäre jedoch verkehrt, den Rahmen zu klein anzufertigen, weil er dann seinen Zweck nicht erfüllt. Wo das Wasser in Tränkrinnen verabreicht wird, die an einer Stallwand entlang laufen, da empfiehlt es sich, über die ganze Länge hinweg Drahtrahmen in einer Breite von 50 cm mit darunter befindlicher Ablaufrinne anzubringen. Die Tränken oder Tränkmöglichkeiten sollten möglichst so tief sein, daß die Enten den ganzen Kopf hineinstecken können. Wo keine Bademöglichkeit vorhanden ist, sollte gerade diesem Punkt entsprechende Aufmerksamkeit geschenkt werden, weil es sonst vorkommen kann, daß die Enten verklebte Augen zeigen.

Enten haben die schlechte Angewohnheit, ihre Eier an allen möglichen Plätzen im Stall abzulegen. Es kann darum nicht unbedingt zur Aufstellung von Legenestern geraten werden. Lediglich in den Zuchten, wo Fallennestkontrolle betrieben wird, ist es notwendig, für jede einzelne Ente ein Kontrollnest herzurichten. Diese Maßnahme ist notwendig, weil die Enten im Gegensatz zu den Hühnern ihre Eier alle fast zur gleichen Zeit in den frühen Morgenstunden ablegen. Ein einzelnes Nest soll eine Länge und Breite von 50 cm aufweisen und auch etwa die gleiche Höhe haben. Die Enten werden am Abend in den Stall getrieben, einzeln in die Nester gelassen und diese verschlossen. Jede Ente übernachtet in ihrem Nest. Für die Vorderfront der Nester sind keine Klappen wie bei den Fallennestern der Hühner notwendig. Es genügt ein einfacher Schieber, der nach oben gezogen werden kann. Von oben brauchen die Nester nicht geschlossen zu sein. Es ist dann leichter ersichtlich, ob die Ente ihr Ei bereits gelegt hat. In der ersten Zeit der Verwendung von Kontrollnestern im Entenstall werden die Tiere etwas scheu sein. Bei einer ruhigen Behandlung gibt sich dieses jedoch in kürzester Frist. Wo ohne Kontrollnester gearbeitet wird, hat es in den seltensten Fällen Zweck, offene Nester aufzustellen, da diese von den Enten doch kaum benutzt werden. Meistens formen sie sich aus der Einstreu selbst Nester, in welchen dann am Morgen eine ganze Anzahl Eier liegen. Die Nester werden von den Enten wieder zugedeckt. Vorsicht ist darum beim Betreten des Stalles notwendig.

Für die Aufzucht der Entenküken sind besondere Stallungen erforderlich, deren Größe sich nach der Anzahl der aufzuziehenden Tiere zu richten hat. Die Bauart kann die gleiche sein, wie für die Aufzucht von Hühnerküken. Durchweg wird die Aufzucht künstlich vorgenommen, da die Enten äußerst selten zur Brut schreiten. Die Aufzucht ist auch nicht sehr schwer, wenn der zur Aufzucht benutzte Stall ausreichend hell, warm und trocken ist. In diesem Aufzuchtstall bleiben die Enten entweder bis zur Schlachtreife der Erpel, oder aber, wenn es die Auslaufverhältnisse zulassen, bis kurz vor dem Einsetzen der Legetätigkeit. Bei beschränkten Platzverhältnissen ist es jedoch auch möglich, die Jungtiere mit dem Flüggewerden zu den alten Enten zu setzen.

Wo die erforderliche Nachzucht durch eine Hühnerglucke erbrütet und aufgezogen wird, kann für deren Unterbringung in der ersten Zeit ein Gluckenhäuschen Verwendung finden.

Baubeschreibung
eines Entenstalles für 50-60 Enten

Der in den Abbildungen gezeigte Entenstall hat eine Länge von 4 m und eine Tiefe von 5 m. Er dient zur

Abb. 43 In einem solchen Stall lassen sich 50—60 Enten unterbringen.
Die Seitenwände haben nur eine Höhe von einem Meter

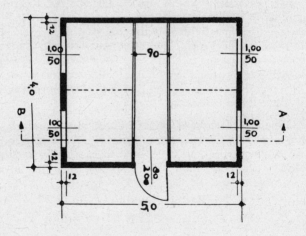

Abb. 44 Grundriß des Entenstalles. In der Mitte ist der Bedienungsgang

Aufnahme von 50 Enten, die in vier getrennten Abteilen untergebracht sind. Der Stall ruht auf einem Betonfundament. Die Vorder- und Rückwand haben nur eine Höhe von 100 cm. In jeder dieser Wände sind zwei Fenster mit einer Breite von 100 cm und einer Höhe von 50 cm angebracht. Von den Seitenwänden erhält eine die genau in der Mitte angebrachte Tür. In der Türbreite wird ein Gang durch den Stall belassen, der entweder direkt als Gang benutzt wird, oder aber um soviel erhöht wird, wie

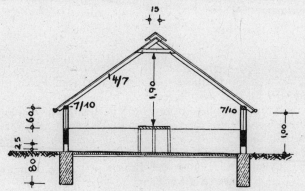

Abb. 45 Querschnitt durch den Entenstall. Der Bedienungsgang kann erhöht angelegt werden. In solchen Fällen kann der Stall 60 statt 50 Enten fassen

die Trennwände des Stalles ausmachen. In solchen Fällen können die Stallabteile direkt in der Mitte aneinander grenzen Dadurch ist es möglich, in diesem Stall 60 Enten unterzubringen. Das Dach hat ein sehr starkes Gefälle, so ist es möglich, daß sich auch bei erhöhtem Bedienungsgang eine ausgewachsene Person ungehindert bewegen kann. Unterhalb des Firstes werden gleich Belüftungsmöglichkeiten angebracht. In solchen Stallungen ist es zu empfehlen, die Futtergeräte entlang des Bedienungsganges aufzustellen, damit die Abteile selbst bei der Fütterung überhaupt nicht betreten zu werden brauchen. Die Tränken werden in diesem Fall am besten entlang der Vorder- und Rückfront angebracht. Die Errichtung eines solchen Entenstalles kann aus Holz oder auch aus anderem Material erfolgen. Bei Holz ist die Gefahr groß, namentlich wenn die Tränken an den genannten Wänden angebracht sind, daß die Bretter in kürzester Zeit faulen. Eine entsprechende Verkleidung und Isolierung ist darum sehr zu empfehlen. Es ist nicht unbedingt notwendig, daß der Entenstall doppelwandig errichtet wird. Der dargestellte Entenstall kann beliebig verlängert werden.

Der Putenstall

Eine gemeinschaftliche Unterbringung von Puten und Hühnern ist stets mit Ärgernissen verbunden. Schon dann, wenn für Brutzwecke einige Puten mit im Hühnerstall behalten werden, bereiten sie durch ihr zänkisches Wesen viel Kummer. Die Hühner werden dadurch in der Legeleistung beeinträchtigt. Hinzu kommt, daß in solchen Fällen die Puten das Futter der Hühner mit verzehren. Ihre Haltung ist dadurch sehr teuer.

Was für eine Haltung von Puten zu Brutzwecken notfalls noch mit in Kauf genommen werden kann, scheidet für eine Putenzucht aus. In solchen Fällen muß unbedingt eine gesonderte Unterbringung vorhanden sein.

Als Putenställe eignen sich Unterkünfte in der Art von Hühnerstallungen. Wo ein solcher Stall nicht vorhanden ist und besonders errichtet werden muß, kann jedoch von der üblichen Bauweise Abstand genommen werden. Die Puten halten sich den weitaus größten Teil des Jahres im Freien auf. Der Stall dient lediglich als Unterkunft für die Nacht. Trotzdem sollte er so bemessen und eingerichtet werden, daß sich die Puten in ihm an Tagen mit schlechter Witterung und bei starken Schneefällen aufhalten können. Für eine Pute sollte eine Grundfläche von einem Quadratmeter zur Verfügung stehen.

Die Puten haben einen sehr großen Bedarf an sauerstoffreicher Luft. Es sollte darum darauf gesehen werden, daß die Fenster vollkommen zu öffnen sind oder aus ihrer Öffnung ohne große Schwierigkeiten entfernt werden können. Für die Sommermonate genügt es vollkommen, wenn mit engmaschigem Drahtgeflecht bespannte Rahmen in die Fensteröffnungen gesetzt werden. Dieser Schutz ist notwendig, weil die Puten, wenn sie ihren Stall beliebig verlassen könnten, bald verwildern würden. Sie suchen sich dann nächtliche Ruheplätze auf Bäumen oder Gebäuden und es hält schwer, sie am Abend an ihre Unterkünfte zu gewöhnen. Durch eindringendes Raubwild könnten ebenfalls Verluste entstehen.

Die Sitzstangen im Putenstall müssen wegen des höheren Gewichtes der Tiere stärker als im Hühnerstall genommen werden. Ihre Anbringung erfolgt so, daß sich alle Sitzstangen in gleicher Höhe befinden, da es sonst jeden Abend beim Aufsuchen der Schlafplätze Beißereien gibt. Der Abstand vom Fußboden und von Stange zu Stange sollte nicht unter 100 cm betragen. Um ein Zerstoßen der Schwanzfedern zu verhindern, sollte die letzte Stange mindestens 50 cm von der Rückwand des Stalles entfernt angebracht werden. Da der Stall für den Zuchtstamm in den meisten Fällen auch gleichzeitig die heranwachsenden Jungtiere mit aufnehmen muß, ist es zu empfehlen, die Auflagehölzer für die Sitzstangen so einzurichten, daß beliebig viele Stangen angebracht werden können. In der Zeit, wo nur die alten Tiere im Stall untergebracht sind, werden die überzähligen Sitzstangen entfernt. Je nach Größe des Bestandes und des vorhandenen Raumes ist zu erwägen, ob unter den Sitzstangen der Puten auch Kotbretter angebracht werden sollen. In den meisten Fällen wird sich dieses erübrigen. Wo es sich jedoch einrichten läßt, sollte der Einbau erfolgen, da sich die Einstreu dann länger sauber erhalten läßt. Die Sitzstangen werden, genau wie im Hühnerstall, nicht fest mit den Auflagestellen verbunden, sondern in ausgeschnittene Vertiefungen so eingelegt, daß sie bei der Reinigung ohne Schwierigkeiten entfernt werden können.

Als Inneneinrichtung erhält der Putenstall sonst lediglich die Nester. Ihre Anzahl soll so bemessen sein, daß sich jede Pute bei der Eiablage ungestört fühlt. Sie sollte auch am gleichen Platz brüten können. Sehr wertvoll ist es, wenn die Nester an halbdunkler Stelle eingerichtet werden. Das einzelne Nest soll eine Länge von etwa 60 cm und eine Breite von 40 cm aufweisen. Seitlich werden die Nester durch Trennwände unterteilt, damit sich die Puten nicht gegenseitig beunruhigen können. Ist eine Pute zur Brut gesetzt, dann wird das Nest auch von vorn geschlossen, damit es die Brüterin nicht willkürlich verlassen kann und keine anderen Puten hier ihre Eier ablegen. Bei verschlossenen Nestern ist es jedoch Bedingung, daß der Züchter die Tiere jeden Tag zur gleichen Stunde vom Nest nimmt. Die Fütterung und Tränkung sollte auf keinen Fall im Nest selbst erfolgen, da die Pute sonst bei der Entleerung das ganze Gelege beschmutzt.

Die Futtergeräte und Tränken sind die gleichen wie im Hühnerstall. Ihre Aufstellung im Stall erfolgt nur zur Winterszeit oder bei länger anhaltenden Schlechtwetterperioden. In der übrigen Zeit werden sie im Freien, möglichst geschützt unter Büschen oder Bäumen, aufgestellt. In der Zeit, wo an die für Mastzwecke vorgesehenen Tiere zusätzlich größere Futtermengen verabreicht werden, ist darauf zu sehen, daß siese ausreichen, um allen Tieren zur gleichen Zeit die Futteraufnahme zu gestatten.

Für die Aufzucht der Putenküken wird im Putenstall zweckmäßig ein besonderes Abteil eingerichtet. Dieses muß entsprechend groß, hell und von unten trocken sein. Da die meisten Putenküken natürlich aufgezogen werden, kann es vorkommen, daß mehrere Puten zur gleichen Zeit Küken führen. Diese werden besser getrennt untergebracht, da es sonst immer wieder vorkommt, daß das eine Tier mit 4 oder 5 Küken läuft, während das andere so viele Putchen unter sich hat, daß es sie nicht bedecken kann. Verluste treten in solchen Fällen sehr leicht auf. Die erforderliche Trennwand kann so angebracht werden, daß sie später nach Beendigung der Aufzucht leicht zu entfernen ist.

Der Taubenschlag

In der Unterbringung der Tauben hat sich ein großer Wandel vollzogen. Früher war es üblich, daß auf der Mehrzahl der Bauerngehöfte an allen möglichen, meistens schwer erreichbaren Stellen, Nistgelegenheiten für Tauben angebracht waren. Von einer planmäßigen Zucht konnte damals nicht gesprochen werden. Es paarte sich zusammen, was zusammen wollte und die Anzahl der überzähligen Einzeltiere war vielfach sehr groß. Wenn das Glück es wollte, wurden die Jungtiere vor dem Ausfliegen gefaßt und der Küche überliefert. Vielfach wurde aber auch der richtige Zeitpunkt verpaßt und es war dann schwer, überhaupt einmal einen Taubenbraten zu bekommen. Vielfach mußte die Jagdflinte den Bestand lichten.

Das Gegenstück zu den nicht erreichbaren Nistgelegenheiten bildeten die oft kunstvoll hergerichteten Taubentürme, die in der Mitte des Wirtschaftshofes aufgestellt wurden. Diese Behausungen mochten wohl einen schönen Anblick bieten, den Tauben selbst sagten sie jedoch nur in den seltensten Fällen zu und eine planmäßige Zucht war auch in ihnen nur schwer möglich. Die Reinigung und Kontrolle war mit großen Schwierigkeiten verbunden.

Mehr und mehr gingen die Taubenzüchter dazu über, ihre Tiere in Räumen, Taubenschläge genannt, unterzubringen. Den Anfang machten die Rassezüchter. Ihre Zuchtergebnisse sprachen sich schnell herum und immer mehr gingen die Taubenzüchter dazu über, sich auch einen Taubenschlag einzurichten. Die Platzfrage ist nicht allenthalben leicht zu lösen gewesen. Bei einigem Nachdenken, etwas Geschicklichkeit und gutem Willen lassen sich jedoch fast immer Möglichkeiten finden. Heute sind es nur noch wenige landwirtschaftliche Betriebe, in denen die Tauben sich selbst überlassen und unkontrollierbar untergebracht sind. Die Erträge sind in solchen Taubenhaltungen dem Aufwend entsprechend zu gering.

Eine Norm für die Errichtung von Taubenschlägen aufzustellen, wäre verkehrt, da die örtlichen Verhältnisse allenthalben anders gelagert sind. Vielfach wird es so sein, daß in bereits bestehenden Gebäuden ein Bodenraum für die Errichtung des Taubenschlages Verwendung finden kann. Diese Möglichkeit ist in der Stadt in Wohnhäusern dann gegeben, wenn der Besitzer des Hauses seine Zustimmung gibt und nicht zu befürchten ist, daß andere Mitbewohner des Hauses gegen die Taubenhaltung Einspruch erheben. In landwirtschaftlichen Betrieben ist es schon leichter, über einem Stall oder in einem sonstigen Wirtschaftsgebäude einen Taubenschlag zu errichten. In allen Fällen, wo keine Möglichkeit gegeben ist, einen vorhandenen Bodenraum auszunützen, bleibt der Ausweg, einen Schlag zur ebenen Erde zu errichten. Von dieser Möglichkeit machen auch viele Taubenzüchter Gebrauch, die Rassen halten, die weniger fluggewandt sind. Ebenso ist es dort, wo besonders hochwertige Tiere gezüchtet werden, deren Haltung im Freiflug leicht zu Verlusten führen könnte. Es gibt aber auch eine ganze Anzahl von Fällen, wo eine Haltung von Tauben aus irgendwelchen Gründen überhaupt unmöglich wäre. Wird hier zur ebenen Erde ein Schlag errichtet und an diesen ein Fluggehege angehängt, dann ist bei entsprechendem Platz jedem Interessenten eine Möglichkeit gegeben, sich der Taubenzucht zuzuwenden. In Kleingärten und Siedlungen finden sich viele solcher Anlagen, die geschmackvoll hergerichtet sind und sich gut in ihre Umgebung einfügen. Der Großstädter, der sonst von der Natur durch das ewige Gehaste kaum noch etwas spürt, findet hier Stunden der Erholung und der Freude. Die Zuchtergebnisse sind bei entsprechender Ernährung trotz des beschränkten Raumes fast immer gut.

Soll der Taubenschlag in einem Bodenraum errichtet werden, dann ist die Lage möglichst so zu wählen, daß die Front, welche das Fenster und den Ausflug erhält, nach Süden oder Südosten gerichtet ist. Die beiden Seitenwände werden fast immer von den Dachschrägen gebildet werden. Dieses wirkt sich keinesweg nachteilig aus, da es keine großen Schwierigkeiten bereitet, eine Verschalung durch Bretter oder Leichtbauplatten vorzunehmen. Die Dachschräge unverkleidet zu lassen, empfiehlt sich nicht, da im Sommer die Einwirkungen der Sonnenstrahlen zu groß sind und die Wärme den in den Nestern liegenden Jungtieren unerträglich wird. Für die kalte Jahreszeit ist es ebenfalls wertvoll, wenn durch die Verschalung der Taubenschlag vor einer zu großen Auskühlung verschont wird. Die fehlende Rückfront des Taubenschlages läß sich, wenn der Raum nicht abgetrennt war oder zu groß ist, leicht durch das Einziehen einer Wand schaffen. Es ist jedoch darauf zu achten, daß alle Wandungen, die entweder vorhanden sind oder geschaffen werden müssen, frei von Fugen und Rissen sind, da die Tauben gegen Zugluft außerordentlich empfindlich sind. Die heute im Handel erhältlichen Hartfaserplatten sind ein geeignetes Material zur Auskleidung des Taubenschlags.

Der Taubenschlag soll in seinen Ausmaßen nicht zu knapp bemessen sein. Für jedes Paar sollte 1 cbm Raum zur Verfügung stehen. Dieses mag auf den ersten Blick viel erscheinen, doch muß berücksichtigt werden, daß im Verlauf des Zuchtjahres eine ganze Anzahl Jungtiere den Schlag mit bevölkert. Ist der Raum zu eng, dann besteht die Gefahr, daß flügge gewordene Jungtiere aus dem Schlag vertrieben werden und nicht wieder zurückkehren. Die Jungtiere sollen im Taubenschlag ihre ersten Flugversuche ungehindert durchführen können und sich orientieren, damit es später keine Verluste gibt.

Die Südfront des Taubenschlages nimmt das Fenster und den Ausflug auf. Beide können miteinander verbunden werden, wenn es die gegebenen Verhältnisse vorschreiben oder wenn sich sonst keine Möglichkeiten zur Anordnung ergeben. Wo das Fenster gesondert angebracht wird, sollte es zu öffnen sein, damit in der warmen Jahreszeit eine zusätzliche Lüftungsmöglichkeit gegeben ist. Es geht aber auch so, daß das ganze Fenster entfernt und durch einen mit engmaschigem Drahtgeflecht verkleideten Rahmen ersetzt wird. Für ein Fenster, welches geöffnet werden kann, ist ein solcher Rahmen ebenfalls vorteilhaft. Es kann notwendig sein, die Tiere zur Eingewöhnung und auch aus sonstigen Gründen für einige Zeit eingesperrt zu lassen, dann ist wenigstens die Zufuhr von frischer Luft nicht unmöglich.

Besondere Aufmerksamkeit ist dem Ausflug zu schenken. Es wäre verkehrt, ihn mit einer Auslaufklappe im Hühnerstall zu vergleichen. Den Tauben soll eine Möglichkeit gegeben sein, ungehindert von innen und außen das Anflugbrett zu erreichen und die Umgebung zu betrachten. Ausfluglöcher, die nur einer Taube den Zugang oder Abflug gestatten würden, sind ungeeignet. Bewährt hat sich ein Ausflug in einer Breite von 80—100 cm. Dieser wird von einem über Rollen laufenden Schieber von außen geschlossen. Eine Anbringung in dieser Art ist zweckmäßig, da es sonst immer wieder vorkommen wird, daß einige Tauben beim Betreten des Schlages diesen verlassen. Die Höhe des Anflugs soll 25—30 cm betragen. Um bessere Anflugmöglichkeiten zu schaffen, erhält der Ausflug innen und außen ein Brett in einer Breite von 30 cm. Beide Bretter müssen unbedingt fest angebracht sein. Wo sie sich bewegen, wenn Tauben anfliegen, werden diese leicht aufgeregt und meiden den Anflug. Es kann vorkommen, daß sich besonders streitlustige Täuber auf dem Anflugbrett niederlassen und allen übrigen Tieren den Zugang verwehren. In solchen Fällen ist es ratsam, ein oder zwei Querbretter anzubringen, damit die übrigen Tiere ungehindert den Schlag verlassen und wieder betreten können.

Es ist vorteilhaft, wenn der Anflug so hergerichtet ist, daß mit diesem gleichzeitig ein Eingewöhnungskäfig verbunden wird. Es ist dann leichter, neu zugekaufte Tiere an den Schlag zu gewöhnen. Der Ausflug wird geschlossen und die Tiere haben nur die Möglichkeit, sich vom Eingewöhnungskäfig aus die Umgebung zu betrachten. Die Größe des Eingewöhnungskäfigs sollte sich nach dem Ausflug richten. Nach außen sollte er etwa einen Meter vorstehen. Der Käfig wird ringsum und oben mit Drahtgeflecht verkleidet. Der Boden besteht aus festgefügten Brettern. Wo der Eingewöhnungskäfig eine besondere Ausflugmöglichkeit bekommen soll, da muß dafür gesorgt werden, daß die Tiere auch hier ungehindert anfliegen können. Es ist sehr zu empfehlen, in unmittelbarer Nähe des Ausflugs noch einige Stangen oder Sitzbretter anzubringen, damit die Tiere von hier aus den Schlag erreichen können. Es ist allerdings auch der Nachteil damit verbunden, daß sich einzelne Tauben, insbesondere Jungtiere, diese Sitzmöglichkeiten zur Übernachtung erwählen.

Die Seitenfronten und ein Teil der Rückwand wird zur Aufstellung der Nistzellen und Anbringung der Schlafplätze benötigt. Für jedes Zuchtpaar wird eine Nistzelle gebraucht. Die Herrichtung dieser Nistgelegenheiten sollte so erfolgen, daß sie leicht auseinanderzunehmen sind. Dieses hat für die Reinigung und für die winterliche Zuchtpause viele Vorteile. Die Ausmaße einer Nistzelle sollten eine Breite von 80 cm zeigen. Die Höhe und Tiefe beträgt am besten jeweils 40 cm. Auf den ersten Blick mögen solch geräumige Nistzellen zu groß erscheinen. Es muß jedoch bedacht werden, daß in ihr zwei Nistschalen Platz haben müssen. Eine ganze Anzahl Taubenrassen führt Bruten in so schneller Folge aus, daß sie bereits wieder Eier in der Nistschale haben, wenn die vorhergehende Brut noch nicht flügge ist. Selbst dann, wenn es sich nicht einrichten läßt, die Nistzellen gänzlich auseinandernehmbar anzufertigen, sollte Wert darauf gelegt werden, daß die Vorderfront entfernt werden kann.

Die Gestaltung der Vorderfront ist am besten aus der Abbildung ersichtlich.Sie sollte sich schließen lassen, damit nicht benutzte Zellen nicht willkürlich von anderen Taubenpaaren mit bewohnt werden können oder als Schlafplätze dienen. Die Möglichkeiten zum Verschluß haben auch noch andere Vorteile. Vor Beginn der Zuchtzeit wird sich immer wieder die Notwendigkeit ergeben, unter den bisherigen Paaren Umpaarungen vorzunehmen oder neu beschaffte Tiere anzupaaren. Dieses läßt sich in einer solchen Nistzelle ohne weiteres ermöglichen. Die Nistschalen werden vorerst entfernt und statt dessen ein Futter- und Tränkgefäß angebracht. Die für eine Paarung vorgesehenen Tiere bleiben so lange in der Nistzelle, bis sie sich aneinander gewöhnt haben. Erst dann wird die Nistschale wieder aufgenommen und den Tieren der Freiflug gegeben. Hat es noch nicht geklappt, wird das Einsperren wiederholt, bis die Tiere allein in die Nistzelle zurückkehren.

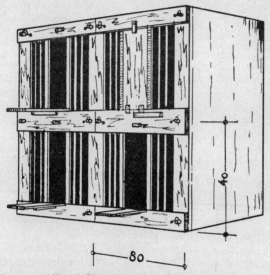

Abb. 46 Nistzellen für 4 Taubenpaare
Die obere rechte Zelle ist durch das Anflugbrett verschlossen

Für den Verschluß der Nistzellen findet am besten gleich das Anflugbritt Verwendung. Es wird an Scharnieren befestigt und beim Verschluß der Zelle einfach nach oben hochgeklappt. Unterhalb des Anflugbrettes wird eine Konsole oder ähnliche Vorrichtung angebracht, auf welcher das Brett ruht. Vorteilhaft ist es, auch diese Vorrichtung noch wieder so anzufertigen, daß sie bei verschlossener Nistzelle seitlich geklappt werden kann. Den übrigen

Schlagbewohnern ist dadurch die Möglichkeit genommen, sich hier einen Sitz oder Schlafplatz einzurichten. Der Platz beiderseits des Anflugbrettes wird durch Holzleisten oder starke Drahtstäbe verkleidet. Die Anbringung sollte so erfolgen, daß der Züchter das Innere der Zelle leicht überblicken kann, doch sollte der Abstand zwischen den einzelnen Leisten oder Stäben nicht so groß sein, daß die Tauben ihren Kopf hindurchstecken können.

In vielen Taubenschlägen sind vor den Nistzellen durchlaufende Bretter als Anflugbretter angebracht. Diese bringen viele Nachteile. Streitlustige Täuber können so, ohne anzufliegen, von einer Nistzelle zur anderen gelangen. Hierbei kommt es dann leicht zu Zankereien, in deren Verlauf das Gelege oder kleine Jungtiere vernichtet werden können. Der einzelne Anflug ist darum einem durchlaufenden Anflugbrett vorzuziehen. Zumindest sollten dann jeweils am Ende der Nistzellen senkrecht verlaufende Zwischenbretter angebracht werden.

Als sehr vorteilhaft hat es sich erwiesen, innerhalb der Nistzellen Trennwände anzubringen, die sich leicht entfernen lassen. Es können kleine Rahmen sein, die mit den gleichen Leisten oder Stäben verkleidet sind wie die Vorderfront. In der Paarungszeit können so die Tiere erst einmal getrennt sich näher betrachten. Während der Brut wird es immer wieder passieren, daß Jungtiere, die noch nicht flügge sind, versuchen, in die andere Nistschale zu gelangen, um Futter zu betteln. Oft hocken sie den ganzen Tag neben der brütenden Taube, beschmutzen das Nest und gefährden die nächste Brut. Wer keine durchgehende Mittelwand in den Nistzellen anbringen möchte, der sollte wenigstens ein Trennbrett von 15—20 cm Breite einbauen, damit die Jungtiere die brütenden Tauben nicht belästigen können.

Für die abgesetzten Jungtiere und nicht brütenden Zuchttiere muß der Taubenzüchter Sitzgelegenheiten schaffen,
da diese sonst die Nistzellen aufsuchen und sie verun-
reinigen. Hierfür gibt es verschiedene Möglichkeiten. Wenig
zu empfehlen sind durchlaufende Sitzstangen, da sie einmal das Arbeiten im Schlage erschweren und zum anderen
auch zu gern von einem Täuber in Anspruch genommen

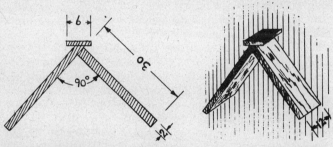

Abb. 47 Ein Dreiecksitzplatz von vorn
gesehen. Diese Sitzplätze müssen genau
übereinander angebracht werden, weil
sich die Tauben sonst gegenseitig
beschmutzen

Abb. 48 Seitenansicht
des Sitzplatzes

werden. Ebenso ist es mit Sitzbrettern, die an den Seitenwänden durchlaufend angebracht werden. Am geeignet-
sten sind Einzelsitzplätze, wie sie in der Abbildung gezeigt werden. Die Anbringung erfolgt senkrecht übereinander, damit sich die Tiere nicht gegenseitig beschmutzen.
Für jede Taube muß ein solcher Sitzplatz vorhanden sein.

Futtergeräte und Tränken werden im Taubenschlag auf
kleinen Tischchen aufgestellt. Am besten bewährt haben
sich Spezialgeräte, die in den Fachgeschäften erhältlich
sind. Nicht vergessen werden darf ein Behälter zur Aufnahme von Muschelkalk. Der besonders für eingesperrte
Tauben notwendige Taubenstein wird in einem gewöhnlichen Futtertrog oder ähnlichen Behälter verabreicht.

Wo sich wegen der räumlichen Verhältnisse oder aus sonstigen Gründen der Bau einer Volière als notwendig erweist, da sollte diese in ihren Ausmaßen nicht zu knapp bemessen sein. Dieses bezieht sich aber nur auf die Länge. In der Breite und Höhe ist es besser, wenn hier jeweils 2 Meter nicht überschritten werden. Es ist sonst schwer, bestimmte Tiere in der Volière zu fangen. Für die Errichtung können Materialien aus Holz oder Eisen Verwendung finden. Das zur Verkleidung benutzte Drahtgeflecht sollte nicht zu weitmaschig sein, weil sich sonst die Sperlinge schnell einfinden und beträchtliche Mengen Futter verzehren. Der Zugang zur Volière kann von außen erfolgen. Häufig ist es jedoch angebrachter, ihn so anzulegen, daß der Züchter vom Schlag aus in die Volière gelangen kann. Dadurch wird die Gefahr, daß beim Öffnen der Volière Tiere entweichen, vermindert. Etwa in Augenhöhe sollten in ihr Sitzbretter oder besser auch wieder Einzelsitzplätze angebracht werden, damit sich die Tiere in ihrer vollen Schönheit dem Beschauer zeigen können. Volièren brauchen nicht nur an Taubenhäusern zur ebenen Erde angehängt werden, sondern lassen sich auch vor Dachschlägen, die an flache Dächer angrenzen, aufstellen.

Die Unterbringung des Ziergeflügels

Ziergeflügel gibt es in vielen Arten. Grob gesehen sind zwei Gruppen, die Hühnervögel und das Wassergeflügel, zu unterteilen. Beide Gruppen lassen sich ohne Schwierigkeiten in Unterkünften unterbringen, die denen der betreffenden Art ähneln. Fast immer ist es aber so, daß die Beschäftigung mit dem Ziergeflügel eine Liebhaberei darstellt. Der Züchter hat an seinen Tieren viel Freude und möchte auch gern, daß deren Behausungen einen schönen Anblick bieten. Wenn bei der Einrichtung auf die Erfordernisse und Eigenarten der einzelnen Arten

Rücksicht genommen wird, sind keine Einwendungen mehr zu machen. Oft ist es aber auch so, daß die Häuschen bestimmt einen schönen Anblick bieten, den Tieren jedoch in keiner Weise zusagen.

Je nach Größe des vorhandenen Grundstücks, des Tierbestandes und nicht zuletzt des Geldbeutels lassen sich die Tiere unterbringen. Bei dem einen Liebhaber wird es so sein, daß er seinen Tieren wegen der unbeschränkten Platzverhältnisse völlig freien oder doch fast unbeschränkten Lauf bieten kann. Andere wieder müssen sich mit kleinen Volièren zufrieden geben, die trotzdem viel Freude bieten können und den Tieren auch zusagen, wenn die entsprechenden Arten gewählt werden. Eine ganze Reihe von Arten des Ziergeflügels, genannt seien hier nur Schwäne, Pfauen, Perlhühner und Rebhühner, sowie etliche Fasanen werden sich nur dann wohlfühlen, wenn ihnen die Freiheit nicht zu sehr beschnitten wurde. Sicherlich, Zucht läßt sich mit diesen Tieren oft auch auf kleinem Raum betreiben und die Freude über die erzielten Ergebnisse ist groß. Ungeklärt bleibt aber die Frage, ob sich die Tiere unter den gegebenen Verhältnissen wohlfühlen. Liebhaber von Ziergeflügel sollten aber in erster Linie Tierfreunde und nicht Tierquäler sein.

Baubeschreibung für ein Schwanenhaus

Schwäne lieben es, wenn sie in ihrer Unterkunft, wo sie das Lege- und Brutgeschäft verrichten, nicht so oft gestört werden. Am besten werden darum diese kleinen Häuser mit etwa 1 qm Grundfläche auf einer kleinen Insel oder doch an schwieriger zugänglichen Uferstellen errichtet. Hinsichtlich der äußeren Gestaltung ist dem Besitzer völlig freie Hand gelassen. Der Einbau von Fenstern ist nicht notwendig, da ja die Vorderfront die große Einschlupföffnung aufweist.

Abb. 49 Ein Schwanenhaus inmitten eines Teiches errichtet

Baubeschreibung für ein Zierentenhaus

Das Haus für die Zierenten kann in seinen Ausmaßen und in der Größe des Eingangs kleiner bemessen sein. Die meisten Zierenten leben allerdings in Einehe. Dadurch wird es sich oft als notwendig erweisen, falls der Bestand entsprechend groß ist, mehrere Häuschen aufzustellen. Gut ist es, wenn in diesen gleich eine Ecke abgeteilt wird, die von den Enten als Lege- und Brutnest benutzt werden kann. Die Aufstellung der Häuschen für die Zierenten erfolgt am besten auch so, daß sie vor Menschen und Ungeziefer geschützt sind.

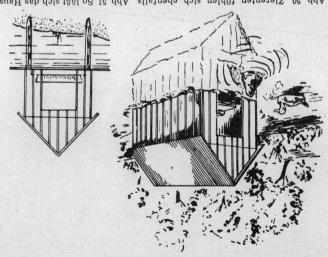

Abb. 50 Zieranten fühlen sich ebenfalls inmitten eines Gewässers bei der Brut ungestört

Abb. 51 So läßt sich das Haus für Zieranten aufstellen

Baubeschreibung für ein Fasanengehege

Fasanen lassen sich ohne Schwierigkeiten gut in Volieren halten, die denen des Taubenzüchters ähneln. Lediglich eine stärkere Bepflanzung ist anzuraten, damit die Tiere einen guten Unterschlupf finden. Das zur Verkleidung der Voliere benutzte Drahtgeflecht muß sehr engmaschig sein, weil sonst die Jungen in der ersten Zeit leicht durch- schlüpfen können und nicht den Weg zurück finden. Der Stall für die Fasanen sollte für einen Stamm mindestens eine Grundfläche von 1,5 qm und die Voliere eine solche von 12—15 qm aufweisen. Die Höhe soll so bemessen wer- den, daß sich eine erwachsene Person gut darin bewegen kann. Im Stall werden einige Nestabteile eingerichtet. Die Anbringung der Sitzstange erfolgt so, daß sich die Tiere

Abb. 52 Ein Gehege zur Unterbringung von Fasanen. Die Volière ist
mit ganz engmaschigem Drahtgeflecht verkleidet
Das Häuschen befindet sich in der linken hinteren Ecke

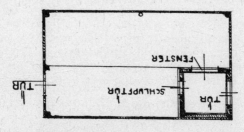

Abb. 53 Das Fasanengehege im Grundriß. Ebenso lassen sich hier Rebhühner, Wachteln, Lachtauben und dergleichen Hühnervögel unterbringen

nicht die Schwänze abstoßen. Es ist darauf zu achten,
daß die Unterkünfte für Fasanen nicht in der prallen
Sonne, sondern mehr im Halbschatten liegen, aber auch
nicht kalt oder feucht sind.